200 rec
de sala

200 recettes de salades

Alice Storey

MARABOUT

Publié pour la première fois en Grande-Bretagne
en 2008 sous le titre *200 super salads*.

Traduction : Florence Raffy
Mise en pages : Les PAOistes
Correction : Véronique Dussidour et Marion Dellapina

Pour Marabout, le principe est d'utiliser des papiers composés de fibres naturelles, renouvelables, recyclables et fabriquées à partir de bois issus de forêts qui adoptent un système d'aménagement durable.
En outre, Marabout attend de ses fournisseurs de papier qu'ils s'inscrivent dans une démarche de certification environnementale reconnue.

ISBN : 978-2-501-10325-1
Dépôt légal : avril 2015
18.5563.6/01
Imprimé en France par Pollina - L71365.

sommaire

introduction

Les possibilités offertes par les salades sont multiples : elles peuvent accompagner une viande ou un poisson ou bien se transformer en déjeuner léger ou en dîner express. Vous pouvez également en faire un plat plus copieux et sophistiqué pour un dîner entre amis.

Les ingrédients des salades composées peuvent se décliner à l'infini. La multitude des produits proposés de nos jours permet de préparer des salades aussi diverses et variées que leur pays d'origine, qu'il s'agisse d'une salade de pommes de terre américaine ou d'une salade japonaise au bœuf et aux nouilles. En revanche, les salades gagnent à être préparées avec des produits de saison. Ainsi, n'hésitez pas à adapter les recettes en fonction de la saison et des produits que vous trouvez au marché, en magasin ou dans votre jardin.

Salades vertes

Les ingrédients venus du monde entier permettent aujourd'hui de réaliser des associations inédites et originales. Tous les supermarchés vendent désormais plusieurs variétés de salade verte et proposent différents mélanges (salade iceberg, salade romaine, pousses d'épinard, pousses de betterave, roquette, endives, cresson ou mâche). Certains magasins proposent même des pissenlits, du tatsoi, de la trévise ou de l'oseille. Les fleurs comestibles, comme les capucines et les soucis, permettent également de décorer joliment les salades. Vous pouvez aussi faire pousser quelques plans de salade dans un coin de votre jardin et vous laisser tenter par des graines de salades originales et faciles à cultiver.

Assaisonnements

Les ingrédients des salades composées sont certes très variés, mais les possibilités offertes par les assaisonnements sont quasi infinies. L'assaisonnement permet d'huiler la salade, mais aussi de la parfumer et de la rendre savoureuse. L'assaisonnement le plus simple reste certainement la vinaigrette qui se compose d'une cuillère à soupe de vinaigre pour trois cuillères à soupe d'huile dans sa version la plus basique. Les ingrédients peuvent être simplement mélangés ou émulsionnés pour obtenir une texture épaisse et onctueuse. L'émulsion est le mélange de deux ingrédients non miscibles, qui est stabilisé en ajoutant, par exemple, des jaunes d'œufs dans le cas de la mayonnaise ou de la moutarde.

Vous trouverez une recette de vinaigrette de base page 13, mais vous pouvez utiliser le vinaigre de votre choix pour adapter la recette aux ingrédients de la salade. Vous pouvez investir dans plusieurs vinaigres de qualité, notamment du vinaigre de vin rouge, blanc, de chardonnay ou de cabernet sauvignon, du vinaigre balsamique rouge ou blanc, du vinaigre balsamique traditionnel de Modène, du vinaigre de riz, du vinaigre de cidre, du vinaigre chinois ou du vinaigre de xérès. Vous pouvez également tester les vinaigres aromatisés aux herbes ou aux fruits.

Il est très important d'utiliser du vinaigre et de l'huile de qualité pour assaisonner les salades. Vous transformerez ainsi une simple salade en un plat savoureux et goûteux. Lorsque vous choisissez d'assaisonner une salade avec un filet d'huile d'olive, surtout les salades avec des tomates, utilisez une huile d'olive vierge extra haut de gamme et fruitée. Pour préparer une vinaigrette, vous pouvez en revanche opter pour une huile d'olive plus douce pour que le parfum de l'huile ne domine pas celui des autres ingrédients. Une vinaigrette se conserve quelques jours au réfrigérateur, mais il est conseillé de la secouer vigoureusement avant de l'utiliser afin de bien mélanger l'huile et le vinaigre.
Il est possible d'aromatiser des vinaigres plutôt neutres comme le vinaigre de vin en ajoutant des herbes et des épices, notamment de l'estragon

(voir page 14), du piment ou du romarin. Certaines recettes de vinaigrette sont préparées avec des fruits et des légumes comme des olives (voir page 13), des oranges, du citron vert, du citron jaune, de la grenade, des tomates ou des clémentines. Le jus de fruit se marie très bien au vinaigre à condition que la saveur sucrée du fruit s'harmonise avec les ingrédients de la salade. L'acidité du jus de fruit et du vinaigre rend l'oignon cru plus digeste dans les salades. Ainsi, pour adoucir le piquant de l'oignon cru tout en préservant son parfum, vous pouvez l'ajouter dans la vinaigrette 15 minutes avant de la mélanger à la salade.

Bien que les vinaigrettes soient légères, saines et généralement rapides à préparer, il existe de nombreux autres assaisonnements pour les salades, notamment des sauces plus riches à base de fromage ou de mayonnaise. Tout comme la vinaigrette, la mayonnaise est une émulsion qui contient des jaunes d'œufs, de l'huile, du vinaigre et éventuellement de la moutarde. Vous trouverez page 12 une recette de base que vous pourrez facilement adapter à vos envies en ajoutant, par exemple, de la moutarde à l'ancienne, des câpres, du citron, des anchois, du raifort, de l'ail (pour l'aïoli, voir page 12), des herbes aromatiques ou du fromage. Les sauces à base de mayonnaise se marient bien avec les fruits de mer ou les salades de pommes de terre. Cependant, il est généralement possible d'assaisonner n'importe quelle salade avec une sauce à la mayonnaise à condition de l'adapter aux ingrédients qui composent la salade.

La sauce au bleu est une sauce crémeuse dont la réputation n'est plus à faire. La recette page 14 peut facilement être modifiée en remplaçant le bleu par d'autres fromages à pâte molle, comme du fromage de chèvre, en fonction des ingrédients de la salade. Les sauces crémeuses sont parfaites pour les salades contenant des fruits, comme des pommes ou des poires, car cela permet de faire ressortir le goût des fruits et de contrebalancer la richesse de la sauce.

Pour varier les saveurs des assaisonnements, vous pouvez également utiliser des huiles aromatisées,

ou naturellement parfumées, comme l'huile de noix, l'huile de noisettes, l'huile pimentée, l'huile parfumée à l'ail, au citron ou aux herbes. Il est également facile de préparer ses propres huiles aromatisées (voir page 15).

Céréales, pâtes et légumes secs

Les céréales et les légumes secs transforment les salades en plats copieux et complets. Vous pouvez ainsi ajouter du riz sauvage, du sarrasin, des haricots rouges, des haricots cannellini, des gros haricots blancs, des pois chiches, du couscous et du quinoa. Les haricots en boîte sont particulièrement pratiques, car il n'est pas nécessaire de les faire tremper ni de les faire cuire.

Les pâtes permettent également de compléter les salades et de leur apporter une texture originale. Il existe de nombreux types de pâtes. Vous pouvez opter pour des pâtes italiennes comme les orecchiette, orzo et les pennes, ou des pâtes asiatiques comme les vermicelles, les nouilles de riz, les nouilles aux œufs, les nouilles soba et les nouilles transparentes. Les salades de pâtes peuvent être dégustées chaudes ou froides et permettent de faire un repas complet et équilibré. Pour apporter une touche croustillante, vous pouvez ajouter des croûtons. Il existe des croûtons prêts à l'emploi, mais ils sont très rapides et faciles à faire soi-même (voir page 44). Vous pouvez utiliser le pain de votre choix et le parfumer avec des herbes, différentes huiles, de l'ail et du fromage. La taille des croûtons dépend de vos préférences et des autres ingrédients qui composent la salade.

Fruits

Les salades de fruits sont toujours très appréciées et sont certainement le dessert le plus facile à préparer. Vous pouvez également ajouter des fruits aux salades salées afin d'apporter des textures et des parfums originaux. Les poires et le parmesan forment un duo incontournable, mais d'autres fruits se marient aussi très bien avec les viandes et les fromages.

Une salade de fruits frais est une façon agréable et rafraîchissante de terminer un repas, surtout riche et copieux. Cependant, une salade de fruits peut se transformer en dessert d'exception si vous la préparez avec des fruits exotiques et un parfum original comme du poivre noir, du basilic, de l'estragon, de l'eau de rose ou du vinaigre balsamique. Vous pouvez également apporter une touche plus raffinée à une traditionnelle salade de fruits en ajoutant des noix, du mascarpone, de la crème fraîche, du yaourt, de la crème fouettée, de la glace, de la crème anglaise, des biscuits au gingembre, du chocolat, des amaretti ou même de l'alcool.

Les salades ont longtemps eu la réputation d'être le plat de régime par excellence et étaient loin d'exciter les papilles. Les recettes que nous vous proposons vous prouveront que les salades composées peuvent être préparées avec de délicieux ingrédients aux textures et aux parfums étonnants et qu'elles méritent à juste titre de figurer régulièrement au menu du jour.

sauces et vinaigrettes

mayonnaise

Pour **6 à 8 personnes**
Préparation **10 minutes**

2 **jaunes d'œufs**
2 c. à c. de **moutarde de Dijon**
1 à 2 c. à s. de **vinaigre de vin**
250 ml d'**huile d'olive**
sel et **poivre**

Mettez les jaunes d'œufs, la moutarde, 1 cuillère à soupe de vinaigre et une pincée de sel et de poivre dans un saladier et mélangez à l'aide d'un fouet. Versez l'huile goutte à goutte tout en fouettant jusqu'à ce que la préparation commence à épaissir. Versez ensuite l'huile en mince filet et fouettez jusqu'à ce que la mayonnaise devienne ferme et brillante. N'ajoutez pas l'huile trop vite, car la mayonnaise risquerait de se séparer. Si cela se produit, ajoutez 1 cuillère à soupe d'eau chaude dans la mayonnaise et fouettez. Si la mayonnaise forme des grumeaux, fouettez un autre jaune d'œuf dans un bol et ajoutez-le peu à peu à la mayonnaise. Vérifiez l'assaisonnement et ajoutez un peu de vinaigre si la mayonnaise semble fade. Elle se conserve 2 jours au réfrigérateur dans un récipient hermétique.

aïoli

Pour **6 à 8 personnes**
Préparation **10 minutes**

2 **jaunes d'œufs**
1 c. à c. de **moutarde de Dijon**
1 à 2 c. à s. de jus de **citron jaune**
2 **gousses d'ail** écrasées
1 pincée de **poivre**
250 ml d'**huile de tournesol**
ou **d'huile d'olive**
sel

Mettez les jaunes d'œufs, la moutarde, le jus de citron, l'ail, le poivre, le sel et un peu d'huile dans un saladier et mélangez à l'aide d'un fouet. Suivez la recette de la mayonnaise (ci-contre) à partir de la deuxième étape. Couvrez et placez au réfrigérateur jusqu'au moment de servir.

vinaigrette

Pour **4 personnes**
Préparation **10 minutes**

1 c. à c. de **sucre en poudre**
¼ c. à c. de **moutarde de Dijon**
2 c. à s. de **vinaigre de vin**
4 6 c. à s. d'**huile d'olive**
sel et **poivre**

Mélangez le sucre, la moutarde et le vinaigre. Ajoutez l'huile, salez, poivrez et mélangez bien. Vous pouvez également placer tous les ingrédients dans un bocal à vis, visser le couvercle et bien secouer.

vinaigrette aux olives

Pour **4 personnes**
Préparation **10 minutes**

1 **gousse d'ail**
1 à 2 **olives noires** dénoyautées
2 c. à s. de **vinaigre balsamique**
2 c. à s. de **jus de citron vert**
1 c. à s. de **moutarde de Dijon**

Écrasez l'ail et hachez finement les olives. Mélangez-les avec le vinaigre, le jus de citron vert et la moutarde. Vous pouvez également placer tous les ingrédients dans un bocal à vis, visser le couvercle et bien secouer.

sauce allégée

Pour **8 personnes**
Préparation **10 minutes**

½ petit **oignon**
6 c. à s. d'**huile d'olive**
2 c. à s. de **vinaigre de vin**
½ c. à c. de **moutarde de Dijon**
½ c. à s. de **sucre en poudre**
1 pincée de **coriandre moulue**
3 c. à s. de **persil haché**
sel et **poivre**

Râpez l'oignon. Mélangez tous les ingrédients jusqu'à ce que la sauce épaississe. Salez et poivrez. Vous pouvez également placer tous les ingrédients, y compris l'oignon râpé, dans un bocal à vis, visser le couvercle et bien secouer.

sauce au bleu

Pour **4 personnes**
Préparation **10 minutes**

1 c. à c. de **sucre en poudre**
¼ c. à c. de **moutarde de Dijon**
2 c. à s. de **vinaigre de vin**
4 à 6 c. à s. d'**huile d'olive**
25 g de **fromage bleu**
(du roquefort, par exemple)
sel et **poivre**

Mélangez le sucre, la moutarde et le vinaigre. Ajoutez l'huile et le fromage émietté. Salez et poivrez. Mélangez bien. Vous pouvez également placer tous les ingrédients dans un bocal à vis, visser le couvercle et bien secouer.

sauce à l'estragon et au citron

Pour **50 ml**
Préparation **5 minutes**

le zeste finement râpé d'un **citron jaune**
2 c. à s. de **vinaigre à l'estragon** (voir ci-contre)
1 c. à s. d'**estragon haché**
¼ c. à c. de **moutarde de Dijon**
1 pincée de **sucre en poudre**
5 c. à s. d'**huile d'olive**
sel et **poivre**

Mélangez le zeste de citron, le vinaigre, l'estragon, la moutarde et le sucre dans un bol. Salez et poivrez. Mélangez, puis incorporez l'huile peu à peu. Vous pouvez également placer tous les ingrédients dans un bocal à vis, visser le couvercle et bien secouer.

vinaigre à l'estragon

Pour **500 ml**
Préparation **5 minutes**

500 ml de **vinaigre de vin**
2 **branches d'estragon**

Mettez le vinaigre dans une bouteille en verre propre et ajoutez les branches d'estragon. Fermez la bouteille et laissez macérer au moins 2 jours. Le parfum va s'intensifier avec le temps.

huile au basilic

Pour **400 ml**
Préparation **15 minutes**

1 **bouquet de basilic**
400 ml d'**huile d'olive**

Faites blanchir le basilic dans de l'eau bouillante pendant 30 secondes, puis rincez-le à l'eau froide. Essuyez-le et hachez-le grossièrement. Mixez le basilic et l'huile dans le bol d'un robot. Versez l'huile dans une bouteille propre et sèche en la filtrant à l'aide d'une passoire fine. Fermez la bouteille et laissez macérer toute la nuit pour que l'huile se décante. Le lendemain, l'huile est d'un beau vert vif et parfumée au basilic.

sauce à la menthe et au yaourt

Pour **100 ml**
Préparation **5 minutes**

½ petit **concombre**
1 c. à s. d'**huile d'olive**
4 c. à s. de **yaourt nature**
2 c. à s. de **menthe hachée**
sel et **poivre**

Pelez et coupez le concombre en deux dans le sens de la longueur, puis retirez les pépins à l'aide d'une petite cuillère. Hachez finement la chair. Mélangez le concombre avec l'huile, le yaourt et la menthe hachée. Salez et poivrez.

sauce aux prunes

Pour **4 personnes**
Préparation **15 minutes**
Cuisson **15 à 18 minutes**

250 g de **prunes**
150 ml de **bouillon de légumes**
5 c. à s. de **porto** (facultatif)
1 c. à c. de **quatre-épices**
2 c. à c. de **sauce soja**
1 c. à s. de **fécule de maïs**

Pelez, dénoyautez et hachez grossièrement les prunes et mettez-les dans une casserole avec le bouillon, le porto (facultatif), le quatre-épices et la sauce soja. Portez à ébullition et faites mijoter pendant 10 à 15 minutes, jusqu'à ce que les prunes soient tendres. Mettez dans le bol d'un robot et mixez jusqu'à ce que le mélange soit onctueux. Remettez le mélange dans la casserole et incorporez la fécule de maïs avec 2 cuillères à soupe d'eau pour épaissir la sauce. Réservez au chaud jusqu'au moment de servir.

petites salades

salade d'endives et cœurs de romaine

Pour **4 personnes**
Préparation **10 minutes**

2 **endives blanches et rouges** si possible (175 g au total)
3 **cœurs de romaine**

Sauce
50 g de **gorgonzola**
1 c. à s. de **sauce Worcestershire**
2 c. à s. de **mayonnaise** (voir page 12)
2 c. à s. de **crème fraîche**
3 c. à s. d'**huile d'olive**
1 c. à s. de **vinaigre de vin**
2 c. à s. de jus de **citron jaune**
sel et **poivre**

Coupez la base des endives et des cœurs de romaines et détachez les feuilles. Mettez les feuilles dans un saladier.

Préparez la sauce en mélangeant tous les ingrédients. Salez et poivrez.

Versez la sauce sur la salade, mélangez légèrement et servez.

salade au gorgonzola, aux noix de pécan et à la poire

Préparez les feuilles de salade comme ci-dessus. Ajoutez 50 g de noix de pécan grillées et 1 poire coupée en fines tranches. Mélangez bien. Préparez la sauce au gorgonzola comme indiqué ci-dessus. Mélangez la salade et la sauce. Servez aussitôt.

coleslaw

Pour **4 personnes**
Préparation **15 minutes**
+ repos

½ **chou blanc**
¼ de **chou rouge**
2 **carottes**
1 **oignon rouge**
2 c. à s. de **persil** haché grossièrement

Sauce
300 ml de **mayonnaise** (voir page 12)
1 c. à s. de **vinaigre de vin**
½ c. à c. de **sucre en poudre**
sel et **poivre**

Émincez finement les choux et les carottes. Coupez l'oignon en fines rondelles. Mélangez les choux, les carottes, l'oignon et le persil dans un grand saladier.

Préparez la sauce en mélangeant la mayonnaise, le vinaigre et le sucre. Salez et poivrez.

Mélangez la sauce et les légumes, puis laissez reposer 30 minutes au moins avant de servir.

coleslaw à la pomme et aux radis

Ajoutez 1 pomme rouge et 5 radis finement tranchés aux ingrédients cités précédemment. Préparez la sauce en mélangeant 1 cuillère à café de moutarde de Dijon, 2 cuillères à soupe de vinaigre de vin et 3 cuillères à soupe d'huile d'olive. Mélangez la sauce et la salade, couvrez et laissez reposer au réfrigérateur 30 minutes au moins avant de servir.

salade de roquette, poires et pecorino

Pour **4 personnes**
Préparation **10 minutes**

250 g de **roquette**
2 **poires**
75 g de **pecorino** (fromage italien au lait de brebis) coupé en copeaux

Vinaigrette
1 c. à c. de **moutarde de Dijon**
2 c. à s. de **vinaigre de cidre**
2 c. à s. d'**huile d'olive**
sel et **poivre**

Préparez la vinaigrette en mélangeant la moutarde, le vinaigre et l'huile. Salez et poivrez.

Mettez la roquette dans un saladier. Coupez les poires en fines tranches et ajoutez-les à la roquette. Versez la vinaigrette sur la salade et mélangez délicatement.

Glissez la plupart des copeaux de pecorino entre les feuilles de roquette et les tranches de poire, puis parsemez les autres copeaux sur la salade et servez.

salade de roquette, pomme et vinaigre balsamique

Mélangez 250 g de roquette, 1 pomme verte finement tranchée et 75 g de copeaux de pecorino dans un saladier. Mélangez 2 cuillères à soupe de vinaigre balsamique de Modène et 3 cuillères à soupe d'huile d'olive. Mélangez délicatement la vinaigrette et la salade. Servez aussitôt.

salade verte

Pour **4 à 6 personnes**
Préparation **5 minutes**

400 g d'un mélange de salades (**cresson**, **frisée**, **roquette**, **tatsoi** ou **pousses d'épinard**...) et d'herbes (**ciboulette**, **persil** ou **cerfeuil**)

Vinaigrette
1 c. à c. de **moutarde de Dijon**
2 c. à s. de **vinaigre de vin** (chardonnay)
4 c. à s. d'**huile d'olive**
sel et **poivre**

Préparez la vinaigrette en mélangeant la moutarde, le vinaigre et l'huile. Salez et poivrez.

Mettez les feuilles de salade dans un saladier. Ajoutez la vinaigrette et tournez délicatement la salade. Servez aussitôt.

salade verte de chèvre pané

Mélangez 75 g de chapelure, 20 g de noisettes finement hachées, 2 cuillères à soupe de persil haché et 1 gousse d'ail écrasée. Salez et poivrez. Coupez 100 g de fromage de chèvre en tranches. Roulez-les successivement dans de la farine, de l'œuf battu puis de la chapelure. Faites chauffer 2 cuillères à soupe d'huile dans une grande poêle à feu moyen et faites revenir les tranches de fromage 3 minutes de chaque côté jusqu'à ce qu'elles soient dorées. Égouttez-les sur du papier absorbant et servez-les avec la salade verte préparée comme ci-dessus.

salade du jardin

Pour **4 personnes**
Préparation **10 minutes**

½ **concombre**
250 g de **tomates cerises**
250 g d'un mélange de salades, par exemple **izuna**, **lolo rosso**, **pourpier** et **feuille de chêne**
1 **avocat**
50 g d'**olives noires** dénoyautées

Vinaigrette
1 c. à c. de **moutarde de Dijon**
2 c. à s. de **vinaigre de cidre**
3 c. à s. d'**huile d'olive**
sel et **poivre**

Pelez et coupez le concombre en rondelles. Coupez les tomates en deux. Mélangez la salade, le concombre et les tomates dans un saladier. Dénoyautez, pelez et coupez l'avocat en dés. Ajoutez les dés d'avocat et les olives noires dans le saladier.

Préparez la vinaigrette en mélangeant la moutarde, le vinaigre et l'huile. Salez et poivrez.

Versez la vinaigrette sur la salade et remuez délicatement. Servez.

salade du jardin au poulet grillé

Mélangez le zeste râpé d'un citron jaune, 1 cuillère à soupe de persil haché, 1 gousse d'ail écrasée, 2 cuillères à soupe d'huile d'olive, du sel et du poivre. Badigeonnez 2 filets de poulet de 125 g chacun du mélange et placez-les sur une plaque de cuisson recouverte de papier d'aluminium. Faites cuire 3 à 4 minutes de chaque côté sous un gril préchauffé. Coupez les filets de poulet en tranches et disposez-les sur la salade du jardin préparée comme ci-dessus.

salade de courgettes, feta et menthe

Pour **4 à 6 personnes**
Préparation **10 minutes**
Cuisson **10 minutes**

3 **courgettes vertes**
2 **courgettes jaunes**
huile d'olive
1 petit bouquet de **menthe**
40 g de **feta**
sel et poivre

Assaisonnement
2 c. à s. d'**huile d'olive**
le **zeste** râpé et le **jus** d'un **citron**

Coupez les courgettes en fines bandes dans le sens de la longueur. Arrosez-les d'huile, salez et poivrez. Faites chauffer un gril en fonte et faites griller une partie des courgettes jusqu'à ce qu'elles soient rainurées de chaque côté. Recommencez avec le reste des courgettes. Placez-les dans un saladier.

Préparez l'assaisonnement en mélangeant l'huile, le zeste et le jus de citron. Salez et poivrez.

Hachez grossièrement la menthe en réservant quelques feuilles pour décorer. Mélangez délicatement les courgettes, la menthe et l'assaisonnement. Mettez-les dans un grand saladier et parsemez-les de feta émiettée. Décorez avec les feuilles de menthe et servez.

salade de courgettes marinées

Coupez 3 courgettes en fines bandes dans le sens de la longueur et mettez-les dans un saladier non métallique avec ½ piment rouge épépiné et émincé, 4 cuillères à soupe de jus de citron, 1 gousse d'ail écrasée et 4 cuillères à soupe d'huile d'olive. Salez et poivrez. Faites mariner 1 heure au moins à couvert. Hachez un petit bouquet de menthe. Mélangez la menthe à la salade. Servez aussitôt.

salade de fenouil et de radis

Pour **4 à 6 personnes**
Préparation **10 minutes**

2 **bulbes de fenouil** de 650 g au total
300 g de **radis roses**
2 c. à s. de **persil** haché grossièrement

Assaisonnement
2 c. à s. d'**huile d'olive**
4 c. à s. de **jus de citron**
sel et **poivre**

Coupez le fenouil et les radis en tranches très fines à l'aide d'une mandoline ou d'un couteau. Gardez quelques feuilles de fenouil pour décorer. Mélangez les tranches de fenouil et de radis avec le persil dans un saladier.

Préparez l'assaisonnement en mélangeant l'huile et le jus de citron. Salez et poivrez.

Mélangez délicatement l'assaisonnement et la salade. Décorez avec les feuilles de fenouil. Servez.

salade de fenouil au vinaigre

Mélangez 3 cuillères à soupe de vinaigre de cidre, 1 cuillère à soupe de graines de cumin grillées et 400 ml d'eau dans une casserole. Portez à ébullition. Salez et poivrez. Versez le liquide chaud sur 650 g de fenouil coupé en fines tranches et laissez refroidir. Égouttez le fenouil et servez-le en accompagnement ou avec du poisson grillé.

salade de haricots verts aux amandes

Pour **4 personnes**
Préparation **10 minutes** + repos
Cuisson **5 minutes**

1 c. à c. de **moutarde de Dijon**
2 c. à s. de **vinaigre de vin**
1 **échalote** finement hachée
3 c. à s. d'**huile d'olive**
500 g de **haricots verts**
2 c. à s. d'**amandes effilées** grillées

Mélangez la moutarde et le vinaigre dans un bol. Ajoutez l'échalote finement hachée et laissez reposer 10 minutes. Incorporez ensuite l'huile.

Équeutez et faites blanchir les haricots verts. Mélangez délicatement les haricots et l'assaisonnement. Mettez-les dans un saladier et parsemez d'amandes effilées.

salade de haricots verts aux anchois

Mettez 150 ml d'huile d'olive dans une petite casserole et ajoutez 3 anchois à l'huile. Faites cuire à feu doux pendant 5 minutes jusqu'à ce que les anchois se défassent. Retirez la casserole du feu et laissez la sauce refroidir à température ambiante. Incorporez 2 cuillères à soupe de vinaigre de vin et un peu de poivre noir du moulin. Mélangez 500 g de haricots verts équeutés et blanchis avec la sauce et servez aussitôt.

salade de légumes pochés au vinaigre

Pour **4 personnes**
Préparation **20 minutes**
+ refroidissement
Cuisson **20 minutes**

8 petites **échalotes**
1 petit **chou-fleur**
1 **poivron rouge**
1 l d'**eau**
150 ml de **vinaigre d'alcool blanc**
150 g de **haricots verts**
150 g de **pois gourmands**
75 g de **cresson**
huile d'olive
sel et **poivre**

Pelez les échalotes et coupez le chou-fleur en petites fleurettes. Équeutez et épépinez le poivron et coupez la chair en carrés de 2 cm.

Versez l'eau et le vinaigre dans une casserole. Portez à ébullition et ajoutez le chou-fleur, le poivron et les échalotes. Faites cuire 2 minutes à petits bouillons. Retirez la casserole du feu et laissez les légumes refroidir dans le liquide.

Équeutez les haricots verts et les pois. Faites-les blanchir dans de l'eau bouillante salée. Plongez-les dans de l'eau froide pour les refroidir et égouttez-les.

Lorsque l'eau vinaigrée a refroidi, égouttez les légumes et mélangez-les avec les haricots, les pois et le cresson dans un saladier. Arrosez d'huile d'olive, salez et poivrez. Servez.

salade de concombre au vinaigre et au piment

Coupez 2 concombres en deux dans le sens de la longueur et retirez les graines avec une petite cuillère. Coupez-les en tranches et mettez-les dans un saladier non métallique. Ajoutez 1 cuillère à soupe de gingembre finement tranché au vinaigre, 1 piment rouge épépiné et finement coupé et 5 ciboules finement tranchées. Mettez 100 g de sucre, 75 ml de vinaigre de riz et 400 ml d'eau dans une casserole et portez à ébullition. Laissez refroidir, puis versez le liquide sur les concombres et laissez reposer 1 heure au minimum. Les concombres au vinaigre se conservent 1 semaine au réfrigérateur dans un récipient hermétique.

salade de pommes de terre

Pour **4 à 6 personnes**
Préparation **10 minutes**
+ refroidissement
Cuisson **15 minutes**

1 kg de **pommes de terre nouvelles** (épluchées pour une autre variété)
125 g de **lardons**
1 c. à c. d'**huile** de tournesol
6 **ciboules**
175 ml de **mayonnaise** (voir page 12)
sel et **poivre**

Coupez les pommes de terre en deux et faites-les cuire dans de l'eau bouillante salée. Rincez-les à l'eau froide dans une passoire et laissez refroidir.

Pendant ce temps, coupez le lard fumé en petits lardons. Faites chauffer l'huile dans une poêle et faites dorer les lardons. Égouttez-les sur du papier absorbant et laissez refroidir. Émincez finement la ciboule et réservez quelques morceaux pour décorer. Mettez les pommes de terre, la ciboule et les lardons dans un saladier. Incorporez délicatement la mayonnaise. Salez et poivrez. Décorez avec la ciboule réservée et servez.

salade de pommes de terre au bleu et aux noix

Mélangez 50 g de fromage bleu, 2 cuillères à soupe de crème fraîche, 1 cuillère à soupe de jus de citron et 175 ml de mayonnaise. Mélangez la sauce, les pommes de terre et 2 cuillères à soupe de persil haché. Décorez avec 40 g de noix grillées et servez.

salade rouge

Pour **4 à 6 personnes**
Préparation **20 minutes**
+ marinade

500 g de **chou rouge**
1 **oignon rouge**
1 **betterave** crue
2 **carottes**
1 **fenouil**
2 c. à s. de **persil** ou d'**aneth** haché
75 g de **raisins secs**

Sauce
6 c. à s. de **yaourt nature**
1 c. à s. de **vinaigre de cidre** ou **de vin**
2 c. à c. de **moutarde sucrée anglaise** ou **de Dijon**
1 c. à c. de **miel liquide**
1 **gousse d'ail** écrasée
sel et **poivre**

Retirez le trognon du chou rouge et émincez-le finement. Coupez l'oignon rouge en deux puis en fines tranches. Pelez la betterave et les carottes, coupez-les en fins bâtonnets ou râpez-les grossièrement. Coupez le fenouil en deux et émincez-le finement.

Mettez les légumes ainsi que le persil ou l'aneth haché et les raisins secs dans un saladier. Mélangez les ingrédients avec les mains.

Préparez la sauce en mélangeant le yaourt, le vinaigre, la moutarde, le miel, l'ail écrasé et une pincée de sel. Poivrez généreusement. Mélangez la sauce et les légumes. Laissez mariner 1 heure au moins. Servez la salade avec du pain de seigle ou du pain au levain.

salade au chou pimentée

Émincez finement 250 g de chou blanc et 250 g de chou rouge. Coupez 1 carotte en fines bandes avec un épluche-légumes et émincez finement 1 oignon rouge et 1 bulbe de fenouil. Préparez la sauce en mélangeant 3 cuillères à soupe de sauce pimentée sucrée, 1 cuillère à soupe de sauce soja, 1 cuillère à soupe de sauce barbecue, 2 cuillères à soupe d'huile d'olive et le jus de 2 citrons verts. Mélangez la sauce et la salade. Laissez mariner 30 minutes au moins avant de servir.

salade de roquette au parmesan

Pour **4 à 6 personnes**
Préparation **5 minutes**

250 g de **roquette**
20 g de **parmesan** finement râpé
40 g de copeaux de **parmesan**

Assaisonnement
4 c. à s. de **jus de citron**
2 c. à s. d'**huile d'olive**
½ c. à c. de **moutarde de Dijon**
sel et **poivre**

Préparez l'assaisonnement en mélangeant le jus de citron, l'huile et la moutarde. Salez et poivrez.

Mettez la roquette dans un saladier et parsemez de parmesan râpé. Mélangez légèrement. Ajoutez l'assaisonnement et tournez délicatement la salade. Ajoutez les copeaux de parmesan sur la salade et servez.

salade de roquette sauce ciboulette

Faites tremper un bouquet de ciboulette dans de l'eau bouillante pendant 30 secondes jusqu'à ce qu'elle devienne vert vif. Rincez-la aussitôt à l'eau froide. Séchez-la et hachez-la grossièrement. Mettez la ciboulette dans le bol d'un robot avec 50 ml de mayonnaise (voir page 12), 1 cuillère à soupe de vinaigre de vin, du sel et du poivre. Mixez jusqu'à ce que le mélange soit onctueux (ajoutez 1 cuillère à soupe d'eau chaude si nécessaire). Mélangez 250 g de roquette et 1 fenouil finement tranché, versez la sauce sur la salade, remuez et servez aussitôt.

salades légères

salade César

Pour **4 à 6 personnes**
Préparation **20 minutes**
Cuisson **12 minutes**

1 **salade romaine**
50 g de **filets d'anchois à l'huile d'olive**
1 **pain de mie** (400 g)
75 g de **beurre**
3 c. à s. de copeaux de **parmesan** pour décorer

Sauce
5 c. à s. de **mayonnaise** (voir page 12)
4 à 5 c. à s. d'**eau**
1 à 2 **gousses d'ail**
3 c. à s. de **parmesan** finement râpé
gros **sel** et **poivre**

Préparez la sauce. Mettez la mayonnaise dans un bol et ajoutez peu à peu l'eau jusqu'à ce que la sauce soit fluide. Écrasez l'ail en purée avec un peu de gros sel. Ajoutez l'ail et le parmesan à la mayonnaise. Mélangez bien. Allongez la sauce avec un peu d'eau si nécessaire pour qu'elle soit facile à verser. Poivrez et réservez.

Coupez les feuilles de romaine en morceaux et mettez-les dans un saladier. Égouttez les anchois et hachez-les. Disposez-les sur la salade.

Coupez le pain en tranches de 3 cm d'épaisseur. Retirez la croûte. Faites fondre le beurre et badigeonnez les tranches de pain, puis coupez-les en carrés de 2,5 cm de côté. Beurrez une plaque de cuisson et disposez dessus les carrés de pain sans les superposer. Badigeonnez leurs côtés avec le reste de beurre. Faites dorer 12 minutes environ au four préchauffé à 200 °C. Mélangez les croûtons chauds et la salade. Versez la sauce sur le dessus et parsemez de copeaux de parmesan. Servez aussitôt.

salade César et poulet cajun

Mélangez 2 cuillères à café d'épices cajun et 4 cuillères à soupe d'huile d'olive. Badigeonnez 4 blancs de poulet de ce mélange et laissez mariner 1 heure au réfrigérateur. Faites chauffer un gril en fonte (à défaut, une poêle antiadhésive) à feu moyen et faites griller le poulet 4 à 5 minutes de chaque côté. Laissez reposer 2 minutes, coupez en fines tranches et servez avec la salade César préparée comme ci-dessus.

salade grecque

Pour **2 personnes**
Préparation **10 à 15 minutes**

½ **concombre**
4 **tomates roma**
1 **poivron rouge**
1 **poivron vert**
½ **oignon rouge**
60 g d'**olives noires de Kalamata** dénoyautées
50 g de **feta** coupée en dés

Assaisonnement
4 c. à s. d'**huile d'olive**
1 c. à s. de **persil** haché
sel et **poivre**

Coupez le concombre et les tomates en dés grossiers de 1 à 2 cm de côté. Coupez les poivrons en deux et retirez les pépins et les membranes blanches. Coupez la chair des poivrons en fines lamelles. Coupez l'oignon en fines tranches. Mettez tous les légumes dans un saladier et ajoutez les olives.

Préparez l'assaisonnement en mélangeant l'huile et le persil. Salez et poivrez.

Versez l'assaisonnement sur la salade et mélangez délicatement. Dressez la salade sur les assiettes et parsemez de feta. Servez.

salade grecque et pain pita à l'ail

Frottez 4 pains pita avec 1 gousse d'ail pelée, arrosez-les d'huile d'olive, salez, poivrez et faites-les griller 4 à 5 minutes au four préchauffé à 190 °C. Coupez le pain en carrés de 2 cm de côté environ et réservez. Préparez la salade grecque comme ci-dessus, mais en ajoutant 2 cuillères à soupe de basilic haché et 2 cuillères à soupe de menthe hachée. Servez la salade accompagnée des morceaux de pain pita. Ajoutez une part de houmous sur chaque assiette.

salade niçoise

Pour **4 personnes**
Préparation **15 minutes**
Cuisson **10 à 15 minutes**

400 g de petites **pommes de terre**
200 g de **haricots verts** équeutés
5 grosses **tomates roma**
2 c. à s. de **persil** haché + quelques feuilles pour décorer
60 g d'**olives noires** dénoyautées
2 c. à s. de **jus de citron jaune**
2 à 3 c. à s. d'**huile d'olive**
4 gros **œufs** pochés
sel et **poivre**

Faites cuire les pommes de terre dans de l'eau salée, laissez-les refroidir et coupez-les en deux. Pendant ce temps, portez de l'eau salée à ébullition et faites blanchir les haricots verts préalablement équeutés pendant 1 à 2 minutes. Ils doivent devenir vert vif et rester croquants. Rincez-les à l'eau froide, égouttez-les et mettez-les dans un saladier.

Retirez le pédoncule des tomates et coupez-les en six. Mettez les tomates, le persil, les pommes de terre, les olives, le jus de citron et l'huile dans le saladier avec les haricots verts. Salez et poivrez.

Dressez la salade sur les assiettes et posez un œuf poché coupé en deux sur la salade. Arrosez d'un filet d'huile d'olive. Décorez avec les feuilles de persil et servez.

salade niçoise au thon

Préparez la salade comme indiqué ci-dessus. Égouttez 185 g de thon à l'huile d'olive en boîte. Émiettez le thon et mélangez-le avec la salade. Servez la salade avec l'œuf poché si vous le souhaitez.

salade de dinde et avocat

Pour **4 personnes**
Préparation **20 minutes**

375 g de **dinde** cuite
1 gros **avocat**
1 barquette de **germes de moutarde** et de **cresson**
150 g d'un **mélange de salades vertes**
50 g d'un **mélange de graines grillées**, par exemple des **graines de courge** et de **tournesol**

Sauce
2 c. à s. de **jus de pomme**
2 c. à s. de **yaourt nature**
1 c. à c. de **miel liquide**
1 c. à c. de **moutarde à l'ancienne**
sel et **poivre**

Coupez la dinde en fines tranches. Pelez, dénoyautez et coupez l'avocat en dés. Mettez l'avocat, les germes de moutarde et de cresson, la salade, la dinde et les graines grillées dans un saladier et mélangez.

Préparez la sauce en mélangeant le jus de pomme, le yaourt, le miel et la moutarde. Salez et poivrez.

Versez la sauce sur la salade et remuez. Servez la salade avec du pain de seigle grillé ou des pains pita roulés.

salade de crabe, pomme et avocat

Préparez la salade comme indiqué ci-dessus mais en remplaçant la dinde par 300 g de chair de crabe fraîche et cuite. Coupez 1 pomme en fins bâtonnets et arrosez-les de jus de citron pour les empêcher de noircir. Préparez l'assaisonnement en mélangeant 2 cuillères à soupe de jus de pomme, 3 cuillères à soupe d'huile d'olive, un peu de jus de citron et 1 échalote finement hachée. Salez et poivrez. Mélangez la salade et l'assaisonnement. Servez.

salade panzanella

Pour **4 personnes**
Préparation **15 minutes**
+ repos

600 g de **tomates**
1 c. à s. de **gros sel**
150 g de **pain ciabatta**
½ **oignon rouge** finement haché
1 poignée de feuilles de **basilic** + quelques-unes pour décorer
1 c. à s. de **vinaigre de vin**
2 c. à s. d'**huile d'olive**
12 **anchois au vinaigre** égouttés
sel et **poivre**

Coupez les tomates en morceaux de 2 cm et mettez-les dans un saladier non métallique. Saupoudrez-les de sel et laissez reposer 1 heure.

Retirez la croûte du pain et coupez-le en morceaux à la main.

Écrasez les tomates à la main et ajoutez le pain, l'oignon, le basilic, le vinaigre et l'huile. Salez et poivrez. Mélangez et dressez sur des assiettes. Disposez les anchois et le basilic réservé sur le dessus. Servez.

salade de tomate et haricots

Mélangez 1 oignon rouge coupé en fines tranches avec 4 cuillères à soupe de vinaigre de vin et laissez mariner 30 minutes. Coupez 150 g de pain ciabatta en morceaux et mettez-les sur une plaque. Arrosez d'huile d'olive, salez, poivrez et ajoutez 2 branches de thym. Faites griller le pain au four préchauffé à 190 °C. Mettez 300 g de tomates coupées en dés dans un saladier. Ajoutez 410 g de haricots borlotti (haricots rouges d'Italie) en boîte, rincés et égouttés, 410 g de haricots cannellini (haricots blancs d'Italie) en boîte, rincés et égouttés et 1 bouquet de basilic haché. Retirez les oignons du vinaigre (réservez le vinaigre) et ajoutez-les dans la salade ainsi que 12 anchois au vinaigre égouttés. Mélangez le vinaigre réservé avec 1 cuillère à café de moutarde de Dijon et 5 cuillères à soupe d'huile d'olive. Salez et poivrez. Mélangez la vinaigrette et la salade et servez avec les croûtons de ciabatta.

salade printanière de légumes

Pour **4 personnes**
Préparation **10 minutes**
Cuisson **10 minutes**

200 g de **petits pois** frais ou surgelés
200 g d'**asperges** pelées
200 g de **pois gourmands**
2 **courgettes**
1 bulbe de **fenouil**

Assaisonnement
le **zeste** râpé et le **jus** d'un **citron jaune**
1 c. à c. de **moutarde de Dijon**
1 c. à c. de **miel liquide**
1 c. à s. de **persil plat** haché
1 c. à s. d'**huile d'olive**

Faites cuire les petits pois, les asperges et les pois gourmands pendant 3 minutes dans de l'eau bouillante salée. Égouttez et rincez à l'eau froide.

Coupez les courgettes en longues bandes très fines et émincez le fenouil. Mélangez tous les légumes dans un saladier.

Préparez l'assaisonnement en mélangeant le zeste et le jus de citron, la moutarde, le miel, le persil et l'huile dans un bol. Versez l'assaisonnement sur la salade et servez.

salade de légumes et sauce à la betterave

Préparez les légumes comme indiqué ci-dessus et réservez. Émincez finement ½ oignon rouge et 1 gousse d'ail. Faites chauffer 2 cuillères à soupe d'huile d'olive dans une casserole à feu moyen et faites revenir l'oignon et l'ail. Ajoutez 4 betteraves cuites et 6 tomates séchées grossièrement hachées. Faites cuire 3 minutes. Lorsque les oignons commencent à blondir, déglacez avec 2 cuillères à soupe de vinaigre balsamique. Faites cuire 1 minute, puis ajoutez 100 ml de bouillon de poulet ou de légumes. Faites réduire le bouillon d'un quart, puis laissez refroidir. Mixez. Salez et poivrez. Ajoutez 1 à 2 cuillères à soupe de crème pour que la sauce soit onctueuse et fluide. Versez la sauce sur les légumes et servez.

salade de betteraves et d'oranges

Pour **2 à 4 personnes**
Préparation **15 minutes**
Cuisson **30 minutes**

7 petites **betteraves** crues
1 c. à c. de **graines de cumin**
1 c. à s. de **vinaigre de vin**
2 **oranges**
65 g de **cresson**
75 g de **fromage de chèvre** frais
poivre noir du moulin

Vinaigrette
1 c. à s. de **miel liquide**
1 c. à c. de **moutarde à l'ancienne**
1 ½ c. à s. de **vinaigre de vin**
3 c. à s. d'**huile d'olive**
sel et **poivre**

Lavez les betteraves. Mettez-les dans un plat à four recouvert de papier d'aluminium avec les graines de cumin et le vinaigre, et faites cuire 30 minutes environ au four préchauffé à 190 °C. Laissez-les refroidir légèrement. Pelez les betteraves. Coupez-les en deux ou en quatre.

Pendant ce temps, pelez les oranges à vif et détachez-en les segments. Préparez la vinaigrette en mélangeant le miel, la moutarde, le vinaigre et l'huile. Salez et poivrez.

Mettez le cresson et les betteraves dans un saladier et versez la vinaigrette. Mélangez délicatement. Dressez les segments d'orange sur un plat, recouvrez de salade et parsemez de fromage de chèvre grossièrement émietté. Ajoutez du poivre du moulin et servez.

salade de fromage de chèvre mariné, tomates séchées et salami

Mettez 125 g de fromage de chèvre frais dans un récipient en plastique et couvrez avec 250 ml d'huile d'olive. Ajoutez 2 gousses d'ail coupées en lamelles, 1 zeste de citron, 1 branche de thym et 1 cuillère à soupe de graines de cumin. Laissez mariner toute une nuit. Retirez le fromage et égouttez-le sur du papier absorbant. Coupez 125 g de salami en fines tranches et mettez-le dans un saladier avec 150 g de tomates séchées à l'huile égouttées et 150 g de roquette. Émiettez 60 g de fromage de chèvre dans la salade. Préparez la vinaigrette comme ci-dessus et mélangez-la avec la salade. Émiettez le fromage de chèvre restant sur le dessus et servez.

salade de pommes de terre et crevettes à la cajun

Pour **2 personnes**
Préparation **10 minutes**
Cuisson **15 à 20 minutes**

300 g de **pommes de terre nouvelles** (épluchées pour une autre variété)
1 c. à s. d'**huile d'olive**
250 g de **grosses crevettes roses** cuites et décortiquées
1 **gousse d'ail** écrasée
4 **ciboules** finement tranchées
2 c. à c. d'**épices cajun**
1 **avocat** mûr
1 poignée de **graines germées d'alfalfa**
sel

Coupez les pommes de terre en deux et faites-les cuire 10 à 15 minutes dans de l'eau bouillante salée. Égouttez-les.

Faites chauffer l'huile dans un wok ou une grande poêle antiadhésive. Ajoutez les crevettes, l'ail, les ciboules et les épices cajun. Faites sauter 2 à 3 minutes. Ajoutez les pommes de terre et faites cuire 1 minute. Dressez sur un plat de service.

Pelez, dénoyautez et coupez l'avocat en dés et ajoutez-les à la salade. Parsemer de germes d'alfalfa sur le dessus et servez.

salade de pommes de terre et poulet cajun

Mélangez 2 cuillères à soupe d'huile et 2 cuillères à café d'épices cajun. Faites mariner dans ce mélange 12 ailerons de poulet pendant 1 heure au moins. Mettez le poulet dans un plat à four recouvert de papier d'aluminium et faites cuire 8 à 10 minutes sous un gril préchauffé. Préparez les pommes de terre comme ci-dessus et faites-les sauter dans un wok ou une poêle antiadhésive avec 1 gousse d'ail écrasée, 4 ciboules émincées et 2 cuillères à café d'épices cajun. Ajoutez les dés d'avocat et servez avec une salade verte et les ailerons de poulet.

salade de petits pois et fèves

Pour **4 personnes**
Préparation **15 minutes**
Cuisson **10 minutes**

150 g de **petits pois** surgelés
150 g de **fèves**
75 g de **pousses de pois gourmands**
1 petit bouquet de **menthe** grossièrement hachée
150 g de **feta**

Vinaigrette
1 c. à c. de **moutarde de Dijon**
2 c. à s. d'**huile d'olive**
1 c. à s. de **vinaigre de vin** (chardonnay)
sel et **poivre**

Faites cuire les petits pois 2 minutes dans de l'eau bouillante salée puis rincez-les à l'eau froide. Faites cuire les fèves 3 minutes dans l'eau bouillante, rincez-les à l'eau froide et retirez la peau. Mélangez les petits pois et les fèves avec les pousses de pois gourmands et la menthe.

Préparez la vinaigrette en mélangeant la moutarde, l'huile et le vinaigre. Salez et poivrez.

Émiettez la feta dans la salade, ajoutez la vinaigrette, remuez délicatement et servez.

salade de petits pois, fèves et chorizo

Préparez les petits pois et les fèves comme ci-dessus. Mettez-les dans un saladier avec les pousses de pois gourmands et ajoutez 1 courgette râpée. Coupez 200 g de chorizo en morceaux et faites-les dorer dans une poêle chaude. Égouttez sur du papier absorbant et ajoutez-les à la salade. Préparez la vinaigrette comme ci-dessus et ajoutez-la à la salade avec la menthe et la feta. Servez aussitôt.

salade d'oranges et avocats

Pour **4 personnes**
Préparation **20 minutes**

4 grosses **oranges à jus**
2 **avocats** mûrs
2 c. à c. de **capsules de cardamome**
3 c. à s. d'**huile d'olive**
1 c. à s. de **miel** liquide
1 pincée de **quatre-épices**
2 c. à c. de **jus de citron jaune**
quelques feuilles de **cresson** pour décorer
sel et **poivre**

Pelez les oranges à vif. Détachez les segments au-dessus d'un saladier pour récupérer le jus. Réservez-le. Pelez et dénoyautez les avocats. Coupez la chair en tranches. Mélangez délicatement l'avocat et les segments d'orange. Répartissez-les sur les assiettes.

Réservez quelques capsules de cardamome pour décorer. Écrasez les autres dans un mortier pour extraire les graines ou mettez-les dans une tasse et écrasez-les avec le bout d'un rouleau à pâtisserie. Jetez les enveloppes.

Mélangez les graines avec l'huile, le miel, le quatre-épices et le jus de citron. Salez et poivrez. Ajoutez ce mélange au jus d'orange réservé. Décorez les assiettes avec un peu de cresson et les capsules de cardamome réservées. Versez l'assaisonnement sur la salade et servez.

salade d'oranges, avocats et canard laqué

Préparez la salade comme ci-dessus. Tracez un quadrillage sur la peau de 4 magrets de canard à l'aide d'un couteau. Faites cuire les magrets 5 à 6 minutes dans une grande poêle, côté peau. Salez et poivrez. Tournez les magrets, arrosez-les de miel et faites cuire 6 minutes de plus. Retirez du feu et laissez reposer 10 minutes. Coupez les magrets en tranches et servez-les avec la salade.

salade de truite fumée et raisins

Pour **2 personnes**
Préparation **15 minutes**

200 g de **truite fumée**
160 g de **raisins rouges** sans pépins
75 g de **cresson**
1 **bulbe de fenouil**

Sauce
3 c. à s. de **mayonnaise** (voir page 12)
4 **cornichons** coupés en dés
1 ½ c. à s. de **câpres** hachées
2 c. à s. de **jus de citron jaune**
sel et **poivre**

Découpez la truite fumée en morceaux. Retirez les éventuelles arêtes. Mettez la truite dans un saladier.

Lavez et égouttez le raisin et le cresson. Émincez finement le fenouil. Mettez-les dans le saladier.

Préparez la sauce en mélangeant la mayonnaise, les dés de cornichons, les câpres hachées et le jus de citron. Salez et poivrez. Mélangez délicatement la sauce et la salade, puis servez.

salade de truite grillée

Ajoutez 1 œuf dur finement haché, 2 filets d'anchois finement hachés et 1 cuillère à soupe de persil haché à la sauce préparée comme ci-dessus. Préparez la salade comme ci-dessus en ajoutant 1 pomme verte coupée en bâtonnets. Salez et poivrez 2 truites vidées de 140 g chacune. Faites chauffer 1 cuillère à soupe d'huile dans une poêle à feu vif et faites cuire les truites 4 minutes en appuyant dessus pendant la cuisson pour que la peau soit uniformément grillée. Retournez les truites et faites cuire 2 minutes. Retirez de la poêle. Mélangez la salade et la sauce et servez aussitôt avec les truites grillées.

salade de pastèque et de feta

Pour **4 personnes**
Préparation **10 minutes**
Cuisson **2 minutes**

1 c. à s. de **graines de sésame noir**
500 g de **pastèque**
175 g de **feta**
500 g de **roquette**
quelques branches de **menthe**, **persil** et **coriandre**

Assaisonnement
6 c. à s. d'**huile d'olive**
1 c. à s. d'**eau de fleur d'oranger**
1 ½ c. à s. de **jus de citron jaune**
1 c. à c. de **sirop de grenade** (facultatif)
½ c. à c. de **sucre en poudre**
sel et **poivre**

Faites griller à sec les graines de sésame dans une poêle pendant 2 minutes. Réservez.

Pelez, épépinez et coupez en dés la pastèque. Coupez la feta en dés. Dressez la pastèque et la feta sur le plat de service avec la roquette et les herbes aromatiques.

Mélangez l'huile, l'eau de fleur d'oranger, le jus de citron, le sirop de grenade (facultatif) et le sucre. Salez et poivrez. Versez l'assaisonnement sur la salade. Parsemez de graines de sésame et servez.

salade de tomates, feta et basilic

Coupez 750 g de tomates en quartiers et mettez-les dans un saladier. Ajoutez 500 g de roquette, une petite poignée de feuilles de basilic et quelques feuilles de menthe et de persil. Parsemez de feta émiettée. Préparez l'assaisonnement en mélangeant 3 cuillères à soupe de vinaigre balsamique de Modène et 6 cuillères à soupe d'huile d'olive. Mélangez l'assaisonnement et la salade et remuez légèrement. Ajoutez 3 cuillères à soupe de pignons de pin grillés et servez.

salade de poulet aux abricots et aux amandes

Pour **4 personnes**
Préparation **10 minutes**

200 g de **céleri branche**
75 g d'**amandes**
3 c. à s. de **persil** haché
4 c. à s. de **mayonnaise** (voir page 12)
3 **blancs de poulet pochés ou grillés** de 150 g chacun
12 **abricots** frais
sel et **poivre**

Lavez et coupez les branches de céleri en biais. Réservez les feuilles intérieures jaunes. Mettez les morceaux de céleri dans un saladier avec la moitié des feuilles de céleri. Hachez grossièrement les amandes. Mettez la moitié des amandes, le persil et la mayonnaise dans le saladier. Mélangez. Salez et poivrez.

Dressez la salade sur un plat de service. Coupez le poulet en morceaux. Coupez les abricots en deux et retirez le noyau. Mélangez le poulet et les abricots avec la salade. Parsemez le reste d'amandes et de feuilles de céleri sur la salade composée. Servez.

salade abricots et poulet grillé

Mélangez 4 blancs de poulet de 150 g chacun avec 2 gousses d'ail écrasées, 50 ml de sauce pimentée sucrée ainsi que le zeste et le jus d'un citron vert. Faites mariner 1 heure au minimum. Retirez le poulet de la marinade et faites-le griller sur un gril en fonte ou à la poêle. Dénoyautez 12 abricots et coupez-les en morceaux de 5 mm. Mélangez les abricots avec 3 tomates mûres coupées en dés de 5 mm et 2 cuillères à soupe de coriandre hachée. Mélangez 3 cuillères à soupe de vinaigre de vin, 3 cuillères à soupe d'huile d'olive, 1 cuillère à café de sucre roux et 1 cuillère à café de sauce de soja. Mélangez l'assaisonnement et la salade. Servez avec le poulet grillé.

salade japonaise de daikon, carottes et poivron rouge

Pour **4 personnes**
Préparation **15 minutes**
Cuisson **2 à 3 minutes**

1 petit **daikon** (radis blanc japonais)
3 **carottes**
1 gros **poivron rouge**
1 c. à s. de **graines de sésame** grillées
1 c. à c. d'**huile de sésame**
1 c. à s. de **mirin** (à défaut, remplacez par du vinaigre de riz)
1 c. à s. de **vinaigre de riz**
4 **ciboules** finement émincées
feuilles de coriandre pour décorer

Râpez le daikon, les carottes et le poivron rouge. Si le poivron rouge est difficile à râper, coupez-le finement en bandes étroites. Mettez les légumes et les graines de sésame dans un saladier et mélangez-les avec vos mains.

Faites chauffer à feu doux l'huile de sésame, le mirin et le vinaigre pendant 2 à 3 minutes pour mélanger les parfums. Retirez du feu et laissez refroidir un peu.

Dressez la salade au centre de 4 assiettes en formant un dôme. Versez l'assaisonnement sur la salade et tout autour. Ajoutez la ciboule sur la salade et décorez avec les feuilles de coriandre. Servez.

salade de daikon et travers de porc à l'asiatique

Mélangez dans une casserole 5 cuillères à soupe de sauce soja, 2 cuillères à soupe de sucre roux, 2 cuillères à soupe de vinaigre de riz, un morceau d'1 cm d'épaisseur de gingembre frais pelé et tranché, le zeste et le jus d'une orange, 1 bâton de cannelle et 1 étoile de badiane. Faites chauffer en remuant jusqu'à de ce que le sucre soit dissous. Laissez refroidir. Versez la marinade sur 600 g de travers de porc coupés en morceaux. Laissez mariner toute une nuit.Mettez les travers de porc sur une plaque de cuisson recouverte de papier d'aluminium et faites griller 20 minutes en badigeonnant de marinade régulièrement. Préparez la salade comme et servez avec les travers de porc.

salade fattoush

Pour **4 à 6 personnes**
Préparation **15 minutes**
Cuisson **5 minutes**

5 **tomates** mûres
1 **concombre**
1 **poivron vert**
1 **poivron rouge**
½ **oignon rouge**
4 **pains pita**
2 c. à s. d'**huile d'olive**
sel et **poivre**

Assaisonnement
1 **gousse d'ail** écrasée
4 c. à s. de **jus de citron jaune**
3 c. à s. d'**huile d'olive**
2 c. à s. de **persil** haché
2 c. à s. de **menthe** hachée

Coupez les tomates, le concombre, le poivron vert, le poivron rouge et l'oignon en petits dés. Mettez-les dans un saladier non métallique.

Coupez le pain en carrés de 1 cm. Faites chauffer l'huile dans une poêle et faites griller le pain en plusieurs fois. Égouttez sur du papier absorbant et laissez refroidir.

Préparez l'assaisonnement en mélangeant l'ail écrasé, le jus de citron, l'huile, le persil et la menthe.

Mélangez délicatement l'assaisonnement et les légumes. Salez et poivrez. Ajoutez les croûtons et servez aussitôt.

sardines grillées

Videz et retirez les arêtes de 8 sardines. Mettez-les sur une plaque de cuisson. Glissez 1 branche de romarin dans chaque sardine. Mélangez 4 cuillères à soupe d'huile d'olive et 1 gousse d'ail écrasée. Badigeonnez les sardines de cette huile parfumée. Salez et poivrez. Faites griller les sardines sous un gril préchauffé 3 minutes de chaque côté. Retirez les sardines et servez-les avec la salade fattoush et des quartiers de citron.

salade de figues, framboises et prosciutto

Pour **4 à 6 personnes**
Préparation **5 minutes**

150 g d'un mélange de **roquette** et de **pousses de betterave**
6 **figues** mûres coupées en deux
150 g de **framboises**
8 tranches de **prosciutto** (jambon italien)
2 boules de **mozzarella di bufala** de 150 g chacune

Vinaigrette
2 c. à s. de **vinaigre balsamique de Modène**
2 c. à s. d'**huile d'olive**

Mettez la roquette et les pousses de betterave dans un saladier. Ajoutez les figues, les framboises et les tranches de prosciutto. Mélangez délicatement et dressez sur un plat de service.

Préparez la vinaigrette en mélangeant le vinaigre et l'huile. Découpez chaque mozzarella en 3 morceaux et disposez-les sur la salade. Versez la vinaigrette et servez.

salade de fruits aux figues grillées et aux framboises

Coupez 6 figues mûres en deux et saupoudrez ½ cuillère à soupe de sucre en poudre sur chaque moitié. Faites dorer 3 à 4 minutes sous un gril préchauffé. Disposez les figues sur un plat avec 150 g de framboises. Arrosez avec 2 cuillères à soupe de vinaigre balsamique et servez en dessert.

salade aux noix et au bleu

Pour **4 personnes**
Préparation **15 minutes**
Cuisson **5 minutes**

50 g de **cerneaux de noix**
2 c. à s. de **sucre glace**
2 **endives**
1 **salade trévise**
50 g de **roquette**
125 g de **fromage bleu** (roquefort, bleu d'Auvergne…)

Vinaigrette
1 c. à c. de **moutarde de Dijon**
2 c. à s. de **vinaigre de cidre**
4 c. à s. d'**huile d'olive**

Mettez les noix, le sucre glace et 1 cuillère à soupe d'eau dans un sac en plastique. Secouez pour bien enrober les noix. Mettez-les sur une plaque de cuisson et faites-les griller 5 minutes au four préchauffé à 180 °C.

Détachez les feuilles des endives et de la trévise. Mettez-les dans un saladier avec la roquette. Émiettez le fromage bleu sur la salade et ajoutez les noix. Remuez délicatement.

Préparez la vinaigrette en mélangeant la moutarde, le vinaigre et l'huile. Versez sur la salade et tournez légèrement. Servez.

salade de trévises et d'endives grillées

Coupez 2 endives en deux et 2 trévises en quatre. Saupoudrez-les avec 2 cuillères de sucre glace et faites-les cuire à feu moyen sur un gril en fonte huilé (ou une poêle antiadhésive) jusqu'à ce qu'elles soient dorées et caramélisées. Faites chauffer 3 cuillères à soupe de vinaigre de cidre, 4 cuillères à soupe d'huile d'olive et 20 g de raisins secs dans une petite casserole. Versez sur la salade cuite et mélangez bien. Décorez la salade avec 3 cuillères à soupe de persil grossièrement haché et 125 g de gorgonzola émietté.

salade aux framboises et toasts

Pour **4 personnes**
Préparation **15 minutes**
Cuisson **4 minutes**

½ **oignon rouge** finement émincé
125 g de **mesclun avec des pousses de blettes rouges**
100 g de **framboises** fraîches
2 c. à s. de **vinaigre balsamique**
1 **grenade**
8 **tranches de baguette complète** (75 g)
250 g de **cottage cheese** (fromage frais à base de lait caillé)
1 pincée de **paprika**

Mettez l'oignon, le mesclun et les framboises dans un saladier. Arrosez de vinaigre et remuez.

Coupez la grenade en quatre, pliez la peau et retirez les grains. Parsemez la moitié des grains sur la salade et répartissez-la sur 4 assiettes.

Faites griller le pain des deux côtés et disposez 2 tranches de pain toasté sur chaque assiette. Étalez le cottage cheese sur le pain, ajoutez le reste des grains de grenade et saupoudrez d'une pincée de paprika. Servez.

sauce à la framboise

Mixez 100 g de framboises, 100 g de vinaigre de framboise,150 ml d'huile d'olive, 1 cuillère à café de sucre en poudre, 1 cuillère à café de moutarde de Dijon, 2 cuillères à soupe d'estragon haché et 1 gousse d'ail écrasée jusqu'à ce que le mélange soit lisse. Goûtez et rectifiez l'assaisonnement selon votre convenance. Si vous souhaitez obtenir un assaisonnement très lisse, passez-le à travers une fine passoire. Cette sauce se conserve 1 semaine au réfrigérateur dans un récipient hermétique.

salade mexicaine

Pour **4 personnes**
Préparation **10 minutes**

1 **salade iceberg**
410 g de **haricots rouges** en boîte égouttés et rincés
1 **avocat** pelé, dénoyauté et coupé en dés
2 **tomates** mûres coupées en dés
½ **oignon rouge** finement haché
1 c. à s. de feuilles de **coriandre** hachées
1 **piment jalapeno** finement tranché (facultatif)
chips de maïs pour décorer
crème fraîche (facultatif) pour servir

Assaisonnement
le **jus** de 1 ½ **citron vert**
3 c. à s. d'**huile d'olive**

Coupez la salade iceberg en morceaux et mettez-les dans un saladier. Ajoutez les haricots, l'avocat, les tomates, l'oignon, la coriandre et le piment (facultatif). Mélangez.

Mélangez le jus de citron vert et l'huile. Versez l'assaisonnement sur la salade et mélangez délicatement. Décorez avec les chips de maïs légèrement écrasés et servez avec de la crème fraîche (facultatif).

salade aux canneberges et au poulet

Hachez grossièrement 2 salades romaines et mettez-les dans un saladier. Coupez en petites aiguillettes 3 blancs de poulet pochés, de 150 g chacun. Mettez le poulet, 50 g de canneberges séchées, 1 pomme rouge coupée en dés et 1 poivron vert équeuté, épépiné et coupé en dés dans le saladier. Mélangez 2 cuillères à soupe de vinaigre de cidre et 4 cuillères à soupe d'huile d'olive. Salez et poivrez. Versez la vinaigrette sur la salade et remuez. Décorez avec des chips de maïs légèrement écrasés et servez.

salade de tomates et mozzarella

Pour **4 à 6 personnes**
Préparation **15 minutes**

500 g de **tomates** mûres (**tomates roma**, **tomates cerises rouges** et **tomates cerises jaunes**)
3 c. à s. environ d'**huile d'olive**
2 c. à s. de **vinaigre balsamique de Modène**
1 poignée de feuilles de **basilic**
150 g de **mini boules de mozzarella**
sel et **poivre**

Coupez la moitié des tomates en rondelles épaisses et l'autre moitié en quartiers. Dressez les rondelles sur un plat de service en les chevauchant légèrement.

Mettez les quartiers de tomates dans un saladier et arrosez-les d'huile d'olive et de vinaigre balsamique. Salez et poivrez. Remuez délicatement et disposez-les sur les rondelles de tomates.

Ajoutez les feuilles de basilic et la mozzarella. Arrosez de nouveau avec un peu d'huile d'olive et de vinaigre balsamique. Salez, poivrez et servez.

salade de pâtes à l'italienne

Faites cuire 250 g de fusilli ou de penne *al dente*. Rincez à l'eau froide. Coupez 500 g de tomates en morceaux et mélangez-les aux pâtes chaudes. Arrosez d'huile d'olive, salez et poivrez. Ajoutez une poignée de feuilles de basilic coupées et des copeaux de parmesan. Servez.

grandes salades

salade de bœuf à la thaïe

Pour **4 à 6 personnes**
Préparation **20 minutes**
Cuisson **10 minutes**

125 g de **papaye verte** pelée et épépinée
125 g de **mangue verte** pelée et dénoyautée
1 poignée de feuilles de **menthe**
1 poignée de **basilic thaï**
2 petites **échalotes**
1 c. à s. d'**huile**
4 **steaks d'aloyau** de 125 g chacun

Assaisonnement
½ **piment** épépiné
1 cm de **gingembre frais** pelé et finement émincé
1 ½ c. à s. de **sucre de palme**
le **jus** de 2 **citrons verts**
2 c. à s. de **nuoc mâm** (sauce de poisson)

Râpez ou tranchez la papaye et la mangue en longues et fines lanières. Mélangez la papaye, la mangue, la menthe et le basilic dans un saladier. Émincez finement les échalotes et ajoutez-les.

Préparez l'assaisonnement. Pilez le piment, le gingembre et le sucre dans un mortier. Ajoutez le jus de citron vert et le nuoc mam.

Faites chauffer un gril en fonte à feu vif (ou une poêle antiadhésive), ajoutez l'huile et faites cuire les steaks 5 minutes de chaque côté. Retirez les steaks et laissez reposer 5 minutes.

Émincez les steaks et disposez-les sur les assiettes. Mélangez la salade et l'assaisonnement et servez avec la viande.

riz grillé à la thaïe

Faites griller à feu moyen 3 cuillères à soupe de riz thaï dans une poêle en remuant jusqu'à ce qu'il soit doré. Laissez-le refroidir et mixez-le grossièrement ou pilez-le dans un mortier. Saupoudrez ce riz grillé sur la salade préparée comme ci-dessus.

salade de mangue et poulet épicé

Pour **4 personnes**
Préparation **15 minutes**
Cuisson **5 minutes**

4 **blancs de poulet** sans peau de 150 g chacun
6 c. à c. de **pâte de curry** moyenne
4 c. à s. de **jus de citron jaune**
150 ml de **yaourt nature**
50 g de **cresson**
½ **concombre** coupé en dés
½ **oignon rouge** finement haché
1 **mangue** pelée, dénoyautée et coupée en morceaux
½ **salade iceberg**

Émincez les blancs de poulet. Mettez 4 cuillères à café de pâte de curry dans un sac en plastique avec le jus de citron et mélangez en malaxant le sac. Ajoutez le poulet et mélangez bien.

Mettez les morceaux de poulet dans un cuit-vapeur sans les superposer et faites cuire 5 minutes à couvert, jusqu'à ce que le jus soit clair lorsque vous enfoncez la pointe d'un couteau ou une brochette en métal.

Pendant ce temps, mélangez le reste de pâte de curry et le yaourt dans un bol.

Coupez le cresson en morceaux et mélangez-le avec la sauce au yaourt, le concombre, l'oignon rouge et la mangue.

Coupez la salade iceberg en morceaux et dressez-la sur 4 assiettes. Versez la salade de mangue sur le dessus et ajoutez le poulet chaud. Servez aussitôt.

salade de crevettes à l'avocat

Remplacez le poulet par 400 g de grosses crevettes crues décortiquées, mais sans enlever la queue. Préparez la salade comme ci-dessus, mais ajoutez la chair d'un avocat coupée en dés. Faites chauffer 2 cuillères à soupe d'huile dans une poêle antiadhésive et faites revenir 1 piment rouge haché pendant 1 minute, puis ajoutez les crevettes et 2 gousses d'ail finement hachées. Faites revenir 2 minutes jusqu'à ce que les crevettes soient roses. Mélangez avec la salade et servez aussitôt.

salade japonaise au bœuf et aux nouilles

Pour **4 personnes**
Préparation **15 minutes**
+ marinade
Cuisson **15 minutes**

2 **steaks d'aloyau** de 250 g chacun
150 g de **nouilles soba**
1 petit **daikon** (radis blanc japonais) pelé et finement tranché
2 **carottes** pelées et finement tranchées
½ **concombre** pelé et finement tranché

Assaisonnement
1 **gousse d'ail** finement hachée
2 cm de **gingembre frais** pelé et haché
5 c. à s. de **sauce soja**
4 c. à s. de **sauce pimentée sucrée**
5 c. à c. d'**huile de sésame**

Pour décorer
5 **ciboules** finement émincées
2 c. à s. de **graines de sésame** grillées

Préparez l'assaisonnement. Mélangez l'ail, le gingembre, la sauce soja, la sauce pimentée et l'huile de sésame. Mettez les steaks dans un récipient non métallique et ajoutez 2 cuillères à soupe d'assaisonnement. Réservez le reste. Couvrez et laissez mariner 2 heures au moins ou toute la nuit.

Portez de l'eau salée à ébullition et faites cuire les nouilles soba 5 minutes. Rincez-les à l'eau froide, égouttez-les et mettez-les dans un saladier. Ajoutez les légumes pelés et tranchés.

Faites chauffer à feu vif un gril en fonte (ou une poêle antiadhésive) et faites revenir les steaks 5 minutes de chaque côté pour une cuisson saignante. Laissez reposer 5 minutes et coupez la viande en fines lanières. Versez l'assaisonnement sur les nouilles, ajoutez la viande et mélangez. Décorez avec la ciboule et les graines de sésame. Servez aussitôt.

saumon en croûte de sésame

Mélangez 1 cuillère à soupe de graines de sésame noir, 1 cuillère à soupe de graines de sésame blanc et 1 cuillère à soupe de graines de coriandre. Pressez 4 pavés de saumon de 125 g chacun dans le mélange côté chair. Faites chauffer à feu moyen 1 cuillère à soupe d'huile dans une grande poêle et faites cuire le saumon côté chair 1 minute puis 4 minutes côté peau. Servez avec la salade de nouilles préparée comme ci-dessus.

salade de brocoli aux œufs

Pour **4 personnes**
Préparation **10 minutes**
Cuisson **8 minutes**

4 **œufs**
300 g de **brocoli**
2 petits **poireaux** de 300 g au total
quelques branches d'**estragon** pour décorer (facultatif)

Assaisonnement
4 c. à s. de **jus de citron**
2 c. à s. d'**huile d'olive**
2 c. à c. de **miel** liquide
1 c. à s. de **câpres** égouttées
2 c. à s. d'**estragon** haché
sel et **poivre**

Remplissez d'eau la base d'un cuit-vapeur à mi-hauteur. Immergez les œufs et portez à ébullition. Couvrez et faites cuire les œufs 8 minutes pour qu'ils soient durs.

Pendant ce temps, coupez le brocoli en fleurettes et les tiges en rondelles. Coupez les poireaux en deux, lavez-les puis coupez-les en grosses rondelles. Déposez le brocoli dans la partie supérieure du cuit-vapeur et faites cuire 3 minutes. Ajoutez les poireaux et faites cuire encore 2 minutes.

Préparez l'assaisonnement en mélangeant le jus de citron, l'huile, le miel, les câpres et l'estragon dans un saladier. Salez et poivrez.

Refroidissez les œufs durs à l'eau froide, retirez-en les coquilles et coupez-les en morceaux.

Mélangez le brocoli et le poireau dans le saladier avec l'assaisonnement et ajoutez les œufs durs. Décorez d'estragon (facultatif) et servez chaud.

salade de brocoli, pancetta et pignons de pin

Coupez 125 g de pancetta en lardons. Faites-les revenir à sec dans une poêle et égouttez-les sur du papier absorbant. Faites dorer à sec 4 cuillères à soupe de pignons de pin dans une poêle à feu doux. Préparez le brocoli, les poireaux et l'assaisonnement comme ci-dessus. Mélangez. Parsemez la salade de pignons de pin et servez.

salade chinoise au poulet

Pour **4 personnes**
Préparation **15 minutes**
Cuisson **10 minutes**

50 g de **vermicelles chinois**
¼ de **chou frisé** finement émincé
1 **carotte** finement hachée
½ **concombre** finement haché
le **jus** d'un **citron vert**
100 g de **beurre de cacahuètes**
3 c. à s. de **sauce pimentée sucrée**
1 c. à s. de **sauce soja**
1 c. à c. de **vinaigre chinois**
2 c. à s. d'**huile de sésame**
2 c. à s. d'**huile de tournesol** ou **d'arachide**
3 **blancs de poulet** pochés de 150 g chacun
3 **ciboules** finement émincées pour décorer

Faites cuire les vermicelles 2 minutes dans de l'eau bouillante. Rincez à l'eau froide, égouttez et mettez-les dans un saladier.

Ajoutez le chou, la carotte, le concombre et le jus de citron vert.

Faites chauffer à feu doux le beurre de cacahuètes dans une petite casserole. Ajoutez la sauce pimentée, la sauce soja, le vinaigre et les deux huiles. Remuez. Si la sauce est trop épaisse, ajoutez un peu d'eau chaude. Réservez la sauce et laissez refroidir légèrement.

Émincez le poulet et incorporez-le aux autres ingrédients. Dressez sur des assiettes, nappez de sauce au beurre de cacahuètes et décorez avec la ciboule émincée.

salade de nouilles et brochettes de bœuf épicé

Coupez 800 g de rumsteck en morceaux de 2 cm. Mélangez 1 cuillère à soupe de gingembre moulu, 1 cuillère à soupe de coriandre hachée, 1 cuillère à soupe de graines de cumin pilées, 3 gousses d'ail écrasées, 1 cuillère à café de piment séché émietté et 50 ml d'huile d'olive. Mélangez le bœuf et la marinade et laissez reposer au moins 1 heure. Enfilez les morceaux de bœuf sur des brochettes en bois pré-trempées, ou en métal, et faites cuire au barbecue ou sur un gril en fonte (ou une poêle antiadhésive) 3 minutes de chaque côté. Servez avec la salade de nouilles et nappez de sauce.

salade de mangue au poulet grillé

Pour **4 personnes**
Préparation **15 minutes**

2 **avocats** mûrs coupés en deux, dénoyautés et pelés
2 c. à s. de **jus de citron**
1 petite **mangue**
1 poignée de **cresson**
50 g de **betterave** cuite coupée en fins bâtonnets
175 g de **blancs de poulet grillé**

Vinaigrette
3 c. à s. d'**huile d'olive**
1 c. à c. de **moutarde à l'ancienne**
1 c. à c. de **miel** liquide
2 c. à c. de **vinaigre de cidre**
sel et **poivre**

Coupez la chair des avocats en tranches ou en dés et mettez-la dans un saladier avec le jus de citron.

Coupez la mangue en deux, pelez-la et coupez-en la chair en tranches ou en dés.

Préparez la vinaigrette. Mélangez l'huile, la moutarde, le miel et le vinaigre. Salez et poivrez. Retirez l'avocat du saladier et récupérez le jus de citron pour l'ajouter à la vinaigrette.

Dressez le cresson et la betterave sur 4 assiettes ou dans un saladier. Ajoutez l'avocat et la mangue. Versez la vinaigrette et mélangez. Coupez le poulet en fines tranches et ajoutez-les à la salade. Servez aussitôt.

salade de haricots blancs au thym et poulet grillé

Rincez et égouttez 2 boîtes de 410 g de haricots cannellini. Mélangez-les avec 250 g de tomates cerises coupées en deux, 100 g de roquette, 60 g d'olives vertes dénoyautées et 1 cuillère à soupe de thym haché. Préparez la vinaigrette en mélangeant 1 cuillère à café de moutarde de Dijon, 2 cuillères à soupe de vinaigre de cidre, 4 cuillères à soupe d'huile d'olive et 1 cuillère à soupe de thym haché. Mélangez la salade et la vinaigrette. Dressez la salade et servez avec 175 g de poulet grillé finement tranché.

salade de canard, clémentines et tatsoi

Pour **4 à 6 personnes**
Préparation **20 minutes**
Cuisson **15 minutes**

3 **magrets de canard** de 225 g chacun
300 g de **haricots verts** équeutés
3 **clémentines** pelées et coupées à vif en segments
200 g de **tatsoi** ou de **pousses d'épinard**

Vinaigrette
le **jus** de 2 **clémentines**
1 c. à s. de **vinaigre de vin**
4 c. à s. d'**huile d'olive**
sel et **poivre**

Mettez les magrets de canard, côté peau en bas, dans un plat allant sur le feu et au four. Faites cuire 6 minutes jusqu'à ce que la peau soit dorée, retournez et faites cuire 2 minutes de plus. Enfournez 5 minutes dans un four préchauffé à 180 °C. Retirez du four, couvrez avec du papier d'aluminium et laissez reposer.

Pendant ce temps, faites blanchir les haricots verts 2 minutes dans de l'eau bouillante salée. Égouttez et rincez à l'eau froide. Mettez les haricots dans un saladier avec les segments de clémentine.

Préparez la vinaigrette en mélangeant le jus de clémentine, le vinaigre et l'huile dans un bol. Salez et poivrez.

Ajoutez le tatsoi ou les pousses d'épinard dans le saladier, versez la vinaigrette et mélangez. Coupez les magrets de canard en tranches et mélangez-les avec la salade. Servez aussitôt.

sauce à l'orange et à la moutarde

Coupez 2 oranges en deux et faites-les griller côté chair dans une poêle antiadhésive. Pressez les oranges et versez le jus dans une casserole. Faites réduire le jus 5 minutes à feu moyen. Mélangez avec 1 cuillère à soupe de moutarde à l'ancienne et 4 cuillères à soupe d'huile d'olive. Laissez refroidir légèrement et servez chaud avec la salade de canard préparée comme ci-dessus (sans la vinaigrette).

salade méditerranéenne aux figues de Barbarie

Pour **4 personnes**
Préparation **15 minutes**

4 **figues de Barbarie**
125 g de **fromage halloumi** ou de la **feta**
4 **tranches de prosciutto**
50 g de **cresson** ou de **mizuna**
1 gros **piment rouge** épépiné et finement haché
2 c. à s. de **jus de citron vert**
2 c. à s. d'**olives noires** dénoyautées
1 poignée de **cerfeuil**
sel et **poivre**

Vinaigrette
2 c. à s. d'**huile d'olive**
1 c. à s. de **jus d'orange**
1 c. à s. de **vinaigre de xérès**
1 pincée de **piment séché** émietté

Mettez des gants en plastique et coupez les figues de Barbarie en deux, puis en quartiers. Retirez la peau si vous le souhaitez en prenant garde de ne pas vous piquer.

Coupez le fromage halloumi ou la feta en fines tranches et répartissez les tranches au centre de 4 assiettes. Mettez le prosciutto et les figues de Barbarie sur le fromage et ajoutez le cresson ou le mizuna. Ajoutez le piment, le sel, le poivre et le jus de citron vert. Ajoutez les olives et le cerfeuil sur les assiettes.

Préparez la vinaigrette en mélangeant l'huile, le jus d'orange, le vinaigre et le piment. Versez la vinaigrette sur la salade et servez aussitôt.

salade de poire, bresaola et dolcelatte

Disposez 400 g de fines tranches de bresaola (ou viande des Grisons) sur un plat en les chevauchant légèrement. Coupez 2 poires en fines tranches et mélangez-les avec 150 g de roquette. Mettez les poires et la roquette sur les tranches de bresaola et versez un filet d'huile d'olive et un peu de vinaigre balsamique. Parsemez 100 g de fromage dolcelatte (ou du gorgonzola) émietté et servez.

salade de crevettes, mangue et avocat

Pour **4 personnes**
Préparation **10 minutes**

1 grosse **mangue** de 475 g pelée et dénoyautée
1 **avocat** mûr de 400 g pelé et dénoyauté
2 **salades romaines**
16 grosses **crevettes roses** cuites et décortiquées sans retirer la queue

Assaisonnement
le **jus** de 2 **citrons verts**
1 c. à c. de **sucre de palme**
2 c. à s. d'**huile**
½ **piment** épépiné et finement haché

Coupez la chair de la mangue et de l'avocat en morceaux de 2 cm. Retirez les feuilles extérieures et le trognon des romaines et détachez les feuilles. Mélangez la salade romaine avec la mangue, l'avocat et les crevettes.

Préparez l'assaisonnement en mélangeant le jus de citron vert, le sucre, l'huile et le piment. Mélangez délicatement l'assaisonnement et la salade. Servez aussitôt.

sauce crémeuse à la mayonnaise

Mélangez 3 cuillères à soupe de mayonnaise (voir page 12), 2 cuillères à soupe de crème fraîche, 2 cuillères à café de sauce tomate, 1 ½ cuillère à café de sauce Worcestershire, 2 à 3 gouttes de sauce Tabasco, 1 cuillère à soupe de jus de citron jaune et 1 cuillère à soupe de cognac. Salez et poivrez. Versez la sauce sur la salade (préparée comme ci-dessus, mais sans la vinaigrette) ou sur le côté de chaque assiette pour y tremper les crevettes.

salade de saumon en croûte de sésame

Pour **4 personnes**
Préparation **25 minutes**
Cuisson **4 à 10 minutes**

4 **ciboules**
2 **blancs d'œufs**
1 c. à s. de **graines de sésame blanc**
1 c. à s. de **graines de sésame noir**
1 **filet de saumon** de 500 g
1 **salade frisée** lavée et feuilles détachées
2 bottes de **cresson**
sel et **poivre**

Assaisonnement
3 c. à s. de **vinaigre de vin**
5 c. à s. d'**huile de tournesol**
1 c. à s. d'**huile de sésame**
1 c. à s. de **sauce soja**
1 c. à c. de **sucre en poudre**
1 bouquet de **ciboulette** finement hachée

Coupez la ciboule en fines lanières et mettez-les dans de l'eau froide.

Fouettez légèrement les blancs d'œufs. Mélangez les graines de sésame noir et blanc avec du sel et du poivre sur une assiette.

Trempez le filet de saumon dans les blancs d'œufs, puis dans les graines de sésame en veillant à ce que la croûte de sésame soit épaisse et régulière. Faites chauffer un gril en fonte (ou une poêle antiadhésive) et faites cuire le saumon 2 minutes de chaque côté pour une chair mi-cuite ou 5 minutes pour une chair bien cuite.

Préparez l'assaisonnement en mélangeant le vinaigre, les huiles, la sauce soja, le sucre et la ciboulette. Mélangez l'assaisonnement avec les feuilles de salade frisée et le cresson. Placez la salade sur un plat.

Coupez le saumon en fines tranches et posez-les sur la salade. Égouttez la ciboule, essuyez-la avec du papier absorbant et disposez les boucles de ciboule sur le saumon. Servez aussitôt.

salade de porc à la thaïe

Pour **4 personnes**
Préparation **15 minutes**
Cuisson **15 minutes**

1 c. à s. d'**huile d'arachide**
2 cm de **gingembre frais** pelé et finement haché
1 **piment**
le **bulbe** finement haché de 2 **tiges de citronnelle**
3 **feuilles de lime kaffir** (feuilles de citronnier) émincées
600 g de **porc** haché
2 c. à s. de **sauce de poisson** ou **nuoc mâm**
le jus de 1 ½ **citron vert**
½ **concombre**
1 **salade iceberg**

Pour décorer
30 g de **cacahuètes grillées** hachées
1 petit bouquet de **menthe** finement hachée
1 petit bouquet de **coriandre** finement hachée
1 **piment rouge** épépiné et finement haché

Faites chauffer l'huile à feu vif dans une grande poêle antiadhésive (ou dans un wok) et faites revenir 1 minute le gingembre, le piment, la citronnelle et les feuilles de lime kaffir.

Ajoutez le porc et faites revenir 4 à 5 minutes jusqu'à ce qu'il soit cuit. Ajoutez la sauce de poisson et le jus de citron vert. Retirez du feu.

Coupez le concombre en lanières très fines et émincez la salade iceberg. Répartissez le concombre sur les assiettes et disposez la salade à côté. Dressez le porc sur la salade et parsemez de cacahuètes, d'herbes aromatiques et de piment rouge.

porc san choï bao

Ne coupez pas la salade iceberg en lanières, mais gardez les feuilles entières pour qu'elles servent de coupelles. Faites cuire le porc comme ci-dessus et dressez-le dans la feuille de salade. Parsemez de 30 g de cacahuètes hachées ainsi que de menthe et de coriandre hachées. Servez aussitôt.

salade de nouilles aux calamars et cacahuètes

Pour **4 personnes**
Préparation **25 minutes** + repos
Cuisson **15 minutes**

175 g de **nouilles de riz fines**
500 g de **petits calamars** prêts à l'emploi
3 **piments rouges** épépinés et finement hachés
3 **gousses d'ail** écrasées
2 c. à s. de **coriandre hachée** + quelques feuilles pour servir
3 c. à s. d'**huile d'arachide**
175 g de **cacahuètes**
125 g de **haricots verts** coupés en morceaux
3 c. à s. de **sauce de poisson** ou **nuoc mâm**
1 c. à c. de **sucre en poudre**
3 c. à s. de **jus de citron**
des **quartiers de citron vert** pour servir (facultatif)

Faites tremper les nouilles 5 à 8 minutes dans de l'eau bouillante. Égouttez et rincez à l'eau froide.

Coupez les calamars en deux dans le sens de la longueur et quadrillez la chair extérieure.

Mélangez les piments, l'ail et la coriandre. Faites mariner les calamars 20 minutes dans ce mélange.

Faites chauffer l'huile dans un wok (ou une poêle antiadhésive) et faites griller les cacahuètes 2 à 3 minutes. Retirez-les du wok et réservez. Ajoutez les calamars dans le wok et faites-les sauter 2 à 3 minutes jusqu'à ce que la chair commence à s'enrouler et à blanchir. Réservez avec les cacahuètes.

Faites sauter les haricots verts 2 minutes dans le wok. Mélangez la sauce de poisson, le sucre, le jus de citron et 3 cuillères à soupe d'eau. Versez dans le wok et faites cuire 1 minute. Retirez le wok du feu et incorporez les nouilles, les cacahuètes, les calamars et la coriandre, puis mélangez. Servez chaud ou froid avec des quartiers de citron vert (facultatif).

salade de tofu mariné et champignons

Pour **4 personnes**
Préparation **15 minutes**
+ marinade
Cuisson **5 minutes**

250 g de **tofu** ferme
500 g de **champignons**, notamment **enoki**, **shiitaké**, **champignons noirs** et **pleurotes**

Marinade
1 **gousse d'ail** finement hachée
2 cm de **gingembre frais** pelé et finement tranché
5 c. à s. de **sauce soja**
1 c. à s. de **mirin** ou **vinaigre de riz**
2 c. à s. de **sauce pimentée sucrée**
1 ½ c. à s. d'**huile de sésame**
2 **étoiles de badiane**

Pour décorer
5 **ciboules** finement émincées
2 c. à s. de **graines de sésame** grillées

Préparez la marinade. Mélangez l'ail, le gingembre, la sauce soja, le mirin, la sauce pimentée sucrée et l'huile. Ajoutez la badiane. Mettez le tofu et la marinade dans un saladier non métallique. Couvrez et laissez mariner au réfrigérateur 2 heures au moins ou toute une nuit.

Coupez les champignons en morceaux et faites-les sauter 1 minute dans une casserole. Coupez le tofu mariné en morceaux de 2 cm. Mélangez le tofu et les champignons. Versez la marinade et décorez avec la ciboule et les graines de sésame. Servez aussitôt.

salade de riz au tofu

Faites cuire 200 g de riz à sushi en suivant les instructions figurant sur l'emballage. Versez sur le riz chaud 100 à 150 ml de vinaigre à sushi. Coupez 500 g de champignons variés en morceaux et faites-les sauter rapidement, puis mélangez-les au riz avec 1 carotte coupée en fins bâtonnets et 1 petite botte de ciboules finement émincées. Mélangez la salade de riz et servez-la aussitôt avec du tofu frit finement tranché et des graines de sésame grillées.

salade de canard, noisettes et pêches

Pour **4 personnes**
Préparation **15 minutes**
Cuisson **20 minutes**

3 **magrets de canard** de 200 g chacun
4 **pêches**
60 g de **noisettes grillées** grossièrement hachées
125 g de **roquette**

Vinaigrette
1 c. à c. de **moutarde de Dijon**
2 c. à s. de **vinaigre balsamique**
4 c. à s. d'**huile de noisette**
sel et **poivre**

Faites griller les magrets, côté peau, 4 minutes sur un gril en fonte (ou une poêle antiadhésive). Retournez les magrets et faites cuire 2 minutes avant de les enfourner 6 à 8 minutes dans un four préchauffé à 190 °C. Retirez-les du four, couvrez de papier d'aluminium et laissez reposer.

Pendant ce temps, coupez les pêches en deux et dénoyautez-les. Sur un gril en fonte (ou une poêle antiadhésive) faites griller à feu moyen les pêches côté chair jusqu'à ce qu'elles deviennent jaune doré. Coupez les pêches en quartiers et mélangez-les dans un saladier avec les noisettes et la roquette.

Préparez la vinaigrette en mélangeant la moutarde, le vinaigre et l'huile. Salez et poivrez.

Coupez les magrets en fines tranches et ajoutez-les à la salade. Arrosez de vinaigrette et servez.

salade de canard aux asperges et aux noisettes

Mettez 4 cuisses de canard sur une plaque de cuisson. Salez et poivrez. Faites cuire 45 à 60 minutes au four préchauffé à 160 °C. Coupez les extrémités dures d'une botte d'asperges et mettez les pointes sur une plaque de cuisson. Faites-les cuire 3 à 4 minutes sous un gril préchauffé. Mettez-les dans un saladier avec 60 g de noisettes grillées et grossièrement hachées et 125 g de roquette. Ajoutez la vinaigrette préparée comme ci-dessus et mélangez. Servez avec le canard.

salade de cailles et prunes

Pour **4 personnes**
Préparation **20 minutes**
Cuisson **12 minutes**

4 **cailles en crapaudine**
2 c. à s. de **sauce aux prunes** (voir page 15)
4 **prunes** coupées en quatre et dénoyautées
100 g de **mâche**
50 g de **noix de cajou grillées**

Assaisonnement
1 piment rouge
1 ½ c. à s. de **sauce aux prunes** (voir page 15)
le **jus** de 1 ½ **citron vert**
2 c. à s. d'**huile de tournesol**

Mettez les cailles sur une plaque recouverte de papier d'aluminium et badigeonnez-les d'un peu de sauce aux prunes. Faites-les cuire sous un gril préchauffé 5 à 6 minutes de chaque côté jusqu'à ce qu'elles soient dorées. Coupez chaque caille en quatre et mettez-les dans un saladier.

Pendant ce temps, préparez l'assaisonnement en mélangeant le piment, la sauce aux prunes, le jus de citron vert et l'huile.

Mettez les prunes, la mâche et les noix de cajou dans le saladier avec les cailles. Ajoutez l'assaisonnement, remuez légèrement et servez aussitôt.

salade aux poires et cailles marinées

Épépinez et hachez finement 1 piment rouge. Mélangez dans un bol le piment rouge, 100 ml de sauce soja, 2 cuillères à soupe de sucre roux, le jus et le zeste de 1 orange. Pelez et hachez grossièrement 1 cm de gingembre frais et ajoutez-le dans le bol avec 1 étoile de badiane. Faites mariner 4 cailles en crapaudine dans le mélange toute une nuit. Coupez 2 poires en tranches et mettez-les dans un saladier avec 100 g de mâche et 1 poivron rouge coupé en fines tranches. Retirez les cailles de la marinade, mettez-les sur une plaque recouverte de papier d'aluminium et faites-les dorer sous un gril préchauffé pendant 4 minutes de chaque côté. Salez et poivrez. Mélangez la salade avec l'assaisonnement ci-dessus et servez les cailles et la salade avec 50 g de noix de cajou grillées.

salade de poulet aux asperges

Pour **2 personnes**
Préparation **10 minutes**
Cuisson **5 minutes**

150 g d'**asperges vertes** coupées en morceaux de 5 cm
200 g de **blanc de poulet** grillé au barbecue
125 g de **tomates cerises** coupées en deux
300 g de **haricots cannellini** (ou haricots blancs) en boîte, égouttés et rincés
1 poignée de **ciboulette** hachée

Vinaigrette
2 c. à s. d'**huile d'olive**
2 c. à c. de **miel** liquide
2 c. à c. de **vinaigre balsamique**
2 c. à c. de **moutarde à l'ancienne**
1 **gousse d'ail** écrasée

Faites cuire les asperges 4 minutes dans de l'eau bouillante légèrement salée jusqu'à ce qu'elles soient tout juste cuites. Égouttez-les et plongez-les dans de l'eau froide pour stopper la cuisson. Essuyez-les avec du papier absorbant.

Coupez le poulet en morceaux et mettez-les dans un saladier. Ajoutez les tomates, les haricots, les asperges et la ciboulette, puis mélangez.

Préparez la vinaigrette en mélangeant l'huile, le miel, le vinaigre, la moutarde et la gousse d'ail. Versez la vinaigrette sur la salade et remuez.

salade au fromage halloumi

Préparez 150 g d'asperges comme ci-dessus et réservez. Faites chauffer un gril en fonte (ou une poêle antiadhésive) et faites cuire 4 blancs de poulet de 150 g chacun 5 à 6 minutes de chaque côté. Couvrez de papier d'aluminium et réservez au chaud. Coupez 250 g de fromage halloumi en tranches de 5 mm et faites-les dorer 2 minutes de chaque côté. Mélangez 1 cuillère à café de moutarde de Dijon, 3 cuillères à soupe de jus de citron, 4 cuillères à soupe d'huile d'olive et 2 cuillères à soupe d'estragon grossièrement haché. Coupez le poulet en tranches, disposez-les sur des assiettes avec le fromage halloumi et les asperges. Versez l'assaisonnement, puis servez.

salade de canard laqué et haricots de soja

Pour **4 personnes**
Préparation **10 minutes**

500 g de **canard laqué**
200 g de **haricots de soja vert** cuits
1 **concombre** coupé en fins bâtonnets
5 **ciboules** très finement émincées + un peu pour décorer
poivre du Sichuan pour décorer

Assaisonnement
2 c. à s. de **sauce hoisin**
4 c. à s. de **sauce soja**
le **jus** d'un **citron vert**

Émincez le canard et mélangez-le avec les haricots de soja, le concombre et les ciboules dans un saladier.

Préparez l'assaisonnement en mélangeant la sauce hoisin, la sauce soja et le jus de citron vert. Mélangez l'assaisonnement avec la salade. Décorez avec un peu de ciboule et une pincée de poivre du Sichuan. Servez aussitôt.

salade de saumon poché

Faites blanchir 300 g de haricots verts, 200 g de petits pois et 200 g de haricots de soja vert frais dans de l'eau bouillante salée. Rincez à l'eau froide, égouttez et réservez. Portez de l'eau à ébullition dans une casserole, baissez le feu et plongez-y 3 filets de saumon sans peau et sans arêtes de 175 g chacun. Faites cuire 3 à 4 minutes à petit frémissement jusqu'à ce que le saumon soit à peine cuit au centre. Retirez de l'eau et laissez refroidir. Coupez ½ concombre en petits dés et mélangez-le avec les légumes blanchis et 75 g de roquette. Émiettez le saumon et mélangez-le aux légumes. Mélangez 2 cuillères à soupe de sauce pimentée sucrée, 2 cuillères à soupe de sauce soja et le jus d'un citron vert. Versez la sauce sur la salade et servez aussitôt.

salade de pamplemousse aux crevettes

Pour **4 personnes**
Préparation **15 minutes**
Cuisson **1 à 2 minutes**

1 gros **pamplemousse**
125 g de **cacahuètes grillées** grossièrement hachées
175 g de grosses **crevettes** crues décortiquées
4 **ciboules**
6 feuilles de **menthe**
2 c. à s. de **jus de pamplemousse**
½ c. à s. de **sauce de poisson** ou **nuoc mâm**
1 gros **piment rouge** épépiné et finement tranché
1 pincée de **piment séché émietté** ou de **poivre noir**
1 pincée de **noix de muscade** râpée
4 à 5 feuilles de **salade frisée** ou de **lollo rosso**

Coupez le pamplemousse en deux et prélevez les segments et le jus. Retirez la peau blanche et coupez les segments en petits morceaux. Mélangez les cacahuètes et la chair de pamplemousse. Réservez pour laisser les saveurs se mélanger.

Portez de l'eau à ébullition et faites cuire les crevettes 1 à 2 minutes jusqu'à ce qu'elles soient roses. Retirez-les à l'aide d'une écumoire et égouttez-les bien.

Coupez les ciboules et la menthe en fines lanières. Mélangez les crevettes, le jus de pamplemousse, la sauce de poisson, la ciboule et la menthe avec le pamplemousse.

Saupoudrez la salade de piment rouge, de piment séché ou de poivre noir et de noix de muscade. Mélangez. Mettez les feuilles de frisée dans un saladier et ajoutez la salade précédente. Servez aussitôt.

salade aux vermicelles

Faites tremper 150 g de vermicelles de riz 5 minutes dans de l'eau chaude. Mélangez le jus d'un citron vert, 1 cuillère à soupe de sauce pimentée sucrée et 1 cuillère à café de sauce de poisson (ou nuoc mâm). Égouttez les vermicelles et mélangez-les avec la sauce. Préparez la suite de la salade comme ci-dessus mais sans les feuilles de salade frisée. Mélangez tous les ingrédients, décorez de cacahuètes et d'herbes fraîches hachées.

salade de couscous et d'agneau épicé

Pour **4 personnes**
Préparation **30 minutes**
+ marinade
Cuisson **15 minutes**

400 g d'**agneau**
2 c. à c. de **ras el hanout** ou de **quatre-épices**
3 c. à s. d'**huile**
200 g de **couscous**
200 ml de **bouillon de volaille** chaud
1 petit bouquet de **coriandre**
2 **citrons confits au sel**
50 g d'**abricots secs** hachés
25 g de **raisins secs**
sel et **poivre**

Sauce
4 c. à s. de **yaourt nature**
¼ c. à c. de **ras el hanout** ou de **quatre-épices**
1 c. à s. de **coriandre fraîche** hachée
2 c. à s. de **jus de citron**

Coupez l'agneau en cubes de 2,5 cm. Faites mariner l'agneau dans le ras el hanout et l'huile pendant 1 heure au moins ou toute une nuit. Enfilez 6 morceaux de viande par brochette sur des brochettes en bois pré-trempées ou en métal.

Pendant ce temps, mettez le couscous dans un saladier, ajoutez le bouillon de volaille chaud, couvrez et laissez gonfler. Hachez la coriandre. Hachez finement le zeste des citrons confits. Mélangez le citron, la coriandre, les abricots et les raisins secs au couscous. Salez et poivrez. Préparez la sauce en mélangeant tous les ingrédients dans un bol. Réservez.

Faites cuire les brochettes d'agneau à la poêle 3 à 4 minutes de chaque côté. Dressez le couscous sur les assiettes et ajoutez les brochettes avec un peu de sauce.

salade de couscous végétarienne

Préparez le couscous comme ci-dessus, mais avec 200 ml de bouillon de légumes chaud. Coupez 5 aubergines thaïes en deux dans la longueur, versez un peu d'huile d'olive et faites-les cuire dans une poêle. Réservez. Coupez 2 courgettes et 1 petite patate douce en tranches dans la longueur. Faites-les griller. Mettez tous les légumes dans un plat à four, arrosez d'huile d'olive, salez, poivrez et faites cuire 15 minutes au four préchauffé à 190 °C. Servez les légumes sur le couscous.

salade de céleri, cœurs d'artichauts et poulet

Pour **4 à 6 personnes**
Préparation **15 minutes**
Cuisson **5 minutes**

6 tranches fines de **pain de seigle**
2 c. à s. d'**huile d'olive**
1 botte de **céleri branche**
100 g de **cœurs d'artichauts** en boîte égouttés et grillés
2 c. à s. de **persil** grossièrement haché
3 **blancs de poulet grillés** de 100 g chacun
sel et **poivre**

Vinaigrette
1 c. à c. de **moutarde de Dijon**
2 c. à s. de **vinaigre de vin**
4 c. à s. d'**huile d'olive**

Mettez les tranches de pain sur une plaque de cuisson. Arrosez-les d'huile d'olive, salez, poivrez et faites-les griller 5 minutes au four préchauffé à 190 °C. Retirez du four et réservez.

Retirez les feuilles du céleri et réservez les petites feuilles intérieures. Tranchez finement 3 tiges et mettez-les dans un saladier avec les feuilles intérieures. Ajoutez les cœurs d'artichauts grillés et le persil.

Coupez le poulet en fines tranches et mettez-les dans le saladier.

Préparez la vinaigrette en mélangeant la moutarde, le vinaigre et l'huile. Versez-la sur la salade et remuez. Disposez une tranche de pain grillé sur chaque assiette et recouvrez de salade.

salade aux haricots cannellini

Rincez et égouttez 410 g de haricots cannellini (ou haricots blancs) en boîte et mettez-les dans un saladier. Ajoutez 75 g de tomates séchées, 100 g de cœurs d'artichauts grillés et 3 blancs de poulet grillés de 100 g chacun. Mélangez 1 cuillère à soupe de persil haché, 1 cuillère à soupe de basilic haché, 1 cuillère à café d'estragon haché, 1 gousse d'ail écrasée, 2 cuillères à soupe de vinaigre de vin (chardonnay, par exemple) et 4 cuillères à soupe d'huile d'olive. Salez et poivrez. Mélangez la vinaigrette et la salade, puis servez.

salade de bœuf et de concombre

Pour **4 personnes**
Préparation **15 minutes**
+ repos
Cuisson **12 minutes**

2 **pavés de rumsteck** de 150 g chacun
150 g de **mini épis de maïs**
1 gros **concombre**
1 petit **oignon rouge** finement haché
3 c. à s. de feuilles de **coriandre** hachée
4 c. à s. de **vinaigre de riz**
4 c. à s. de **sauce pimentée sucrée**
2 c. à s. de **graines de sésame** légèrement grillées

Faites cuire les pavés de rumsteck sur un gril en fonte (ou une poêle antiadhésive) 3 à 4 minutes de chaque côté. Laissez reposer 10 à 15 minutes, puis coupez la viande en fines tranches.

Faites cuire les mini épis de maïs 3 à 4 minutes dans de l'eau bouillante. Rincez-les à l'eau froide et égouttez-les.

Coupez le concombre en deux dans le sens de la longueur et retirez les graines à l'aide d'une petite cuillère. Coupez le concombre en tranches de 5 mm.

Mettez l'oignon dans un saladier avec le bœuf, le maïs, le concombre et la coriandre hachée. Ajoutez le vinaigre de riz et la sauce pimentée. Mélangez bien. Parsemez de graines de sésame et servez.

salade de bœuf à l'échalote

Pelez 20 échalotes et mettez-les sur une plaque de cuisson. Arrosez-les d'huile d'olive. Salez et poivrez. Faites-les dorer 20 minutes au four préchauffé à 190 °C. Mélangez 1 cuillère à café de moutarde de Dijon, 2 cuillères à soupe de vinaigre de vin (cabernet sauvignon de préférence), 1 cuillère à soupe de thym haché et 4 cuillères à soupe d'huile d'olive. Faites cuire les pavés de rumsteck comme ci-dessus, laissez reposer, puis coupez-les en fines tranches. Mélangez avec les échalotes et 150 g de cresson. Arrosez de vinaigrette et servez aussitôt.

salade de pamplemousse, crevettes et porc

Pour **4 personnes**
Préparation **20 minutes**
Cuisson **10 à 15 minutes**

250 g de **poitrine de porc**
2 **pamplemousses** pelés à vif et découpés en segments
200 g de grosses **crevettes roses** cuites décortiquées
les feuilles d'un petit bouquet de **menthe**
1 petit bouquet de **coriandre** grossièrement hachée
1 petit bouquet de **basilic thaï** grossièrement haché
3 c. à s. de **cacahuètes grillées** grossièrement hachées

Assaisonnement
6 c. à s. de **sucre de palme**
le **jus** de 2 **citrons verts**
2 c. à s. de **sauce de poisson** ou **nuoc mâm**
2 c. à s. d'**eau**

Coupez la poitrine de porc en morceaux de 2 à 5 cm. Faites chauffer une poêle à feu vif et faites dorer le porc 4 minutes jusqu'à ce qu'il soit croustillant. Égouttez-le sur du papier absorbant.

Préparez l'assaisonnement. Mettez le sucre dans une petite casserole et faites cuire 4 minutes à feu moyen jusqu'à ce qu'il commence à former des bulles et prenne une couleur caramel foncé. Versez le jus de citron vert, la sauce de poisson (ou le nuoc mâm) et l'eau avec précaution pour éviter les projections et mélangez. Retirez du feu et laissez refroidir un peu.

Mettez le pamplemousse, les crevettes, les herbes et le porc dans un saladier. Mélangez légèrement et disposez la salade sur des assiettes. Arrosez de sauce, ajoutez les cacahuètes et servez.

variante à l'échalote

Ajoutez des échalotes frites à la salade préparée comme ci-dessus. Vous pouvez les acheter dans une épicerie asiatique ou les préparer vous-même. Faites chauffer 500 ml d'huile dans un wok ou une friteuse à 160 °C. Ajoutez 3 échalotes finement émincées et remuez sans cesse pour qu'elles cuisent de façon uniforme. Lorsqu'elles sont dorées, retirez-les avec une écumoire et égouttez-les sur du papier absorbant. Ajoutez-les à la salade avec le pamplemousse, les crevettes, le porc et les herbes.

salades chaudes

salade de tomates confites et asperges

Pour **4 personnes**
Préparation **20 minutes**
Cuisson **2 heures**

2 grosses **tomates cœur de bœuf**
6 c. à s. d'**huile d'olive**
2 **gousses d'ail**
4 branches de **thym**
1 **botte d'ail des ours** grossièrement haché
½ bouquet de **basilic** grossièrement haché
1 c. à s. de **vinaigre de vin**
20 **pointes d'asperges**
30 g de **roquette**
parmesan râpé pour servir
sel et **poivre**

Coupez chaque tomate en deux à l'horizontale et mettez-les sur une plaque de cuisson, côté coupé en haut. Versez ½ cuillère à café d'huile sur chaque tomate et assaisonnez avec du sel, du poivre, la moitié d'une gousse d'ail écrasée et une branche de thym. Faites cuire 2 heures au four préchauffé à 110 °C.

Hachez grossièrement l'ail et le basilic. Ajoutez 5 cuillères à soupe d'huile d'olive et mélangez. Versez dans un bol et ajoutez le vinaigre. Salez et poivrez.

Mettez les asperges dans une assiette et versez ½ cuillère à café d'huile d'olive. Salez et poivrez. Faites-les cuire 5 minutes à la poêle en les retournant toutes les 1 à 2 minutes. Mettez-les sur l'assiette et couvrez-les de film alimentaire.

Sortez les tomates du four et disposez-les sur les assiettes. Recouvrez chaque tomate de 5 pointes d'asperges et versez la sauce à l'ail. Servez avec de la roquette et du parmesan râpé.

salade de pâtes, tomates et mozzarella

Faites cuire 250 g de penne, rincez-les à l'eau froide et arrosez-les d'huile d'olive. Hachez 2 tomates. Mélangez-les aux pâtes avec de l'huile d'olive, 2 cuillères à soupe de vinaigre balsamique, du sel, du poivre, ½ bouquet de basilic haché et 2 boules de mozzarella coupées en 2 à 3 morceaux. Servez.

salade de poivrons

Pour **4 personnes**
Préparation **25 minutes**
Cuisson **35 minutes**

2 boîtes de 410 g de **pois chiches**
2 **poivrons rouges** équeutés, épépinés et coupés en deux
1 **poivron jaune** équeuté, épépiné et coupé en deux
1 **oignon rouge**
4 **tomates roma** coupées en morceaux
huile d'olive
2 c. à s. de **graines de fenouil**
1 petit bouquet de **persil** haché
tsatsiki (voir ci-contre) pour servir
sel et **poivre**

Vinaigrette
4 c. à s. de **vinaigre de xérès**
3 c. à s. d'**huile d'olive**
1 **gousse d'ail** écrasée
½ c. à c. de **cumin** moulu

Rincez les pois chiches à l'eau froide et égouttez-les. Coupez la chair des poivrons en lanières de 2 cm. Coupez l'oignon en deux, puis coupez chaque moitié en quatre en laissant les morceaux attachés à la base.

Assaisonnez les poivrons, l'oignon et les tomates avec de l'huile d'olive, du sel et du poivre. Faites cuire les poivrons sur un gril en fonte (ou une poêle antiadhésive) 2 minutes de chaque côté. Émincez-les et mettez-les dans un plat à four. Faites cuire l'oignon de la même façon. Ajoutez l'oignon et les tomates avec les poivrons, parsemez de graines de fenouil et faites cuire 20 minutes au four préchauffé à 180 °C.

Pendant ce temps, préparez la vinaigrette. Mélangez le vinaigre, l'huile, l'ail écrasé et le cumin.

Mettez les pois chiches dans un saladier, ajoutez les légumes chauds et le persil haché. Salez et poivrez. Versez la vinaigrette et remuez. Servez avec du tsatsiki si vous le souhaitez (voir ci-dessous).

tsatsiki

Coupez un concombre en deux et épépinez-le avec une cuillère. Coupez la chair en dés et mélangez-la avec 250 ml de yaourt à la grecque, 1 gousse d'ail écrasée, 1 cuillère à soupe d'huile d'olive, 2 cuillères à soupe de menthe hachée et 1 cuillère à soupe de jus de citron. Salez et poivrez. Couvrez et laissez reposer au réfrigérateur 1 heure au moins avant de servir.

salade de noix de Saint-Jacques

Pour **4 personnes**
Préparation **15 minutes**
Cuisson **30 minutes**

4 **carottes** coupées en quatre en longueur
3 **panais** coupés en quatre en longueur
2 c. à s. d'**huile d'olive**
1 c. à s. de **graines de cumin**
12 **noix de Saint-Jacques** fraîches
2 c. à s. de **jus de citron**
sel et **poivre**
persil haché pour décorer

Sauce
4 c. à s. de **yaourt nature**
2 c. à s. de **jus de citron**
2 c. à s. d'**huile d'olive**
1 c. à c. de **cumin moulu**

Mettez les carottes et les panais sur une plaque de cuisson recouverte de papier d'aluminium. Versez 1 cuillère à soupe d'huile et parsemez les graines de cumin. Salez et poivrez. Faites cuire 20 à 25 minutes au four préchauffé à 180°C.

Pendant ce temps, préparez la sauce. Mélangez le yaourt, le jus de citron, l'huile et le cumin moulu. Salez et poivrez.

Enlevez le petit muscle latéral des noix de Saint-Jacques. Faites chauffer l'huile dans une grande poêle et faites revenir les noix 2 minutes de chaque côté en veillant à ce qu'elles soient à peine cuites. Versez le jus de citron sur les noix de Saint-Jacques et mettez-les dans un saladier avec le jus de cuisson.

Ajoutez les carottes et les panais, mélangez. Versez la sauce au yaourt et parsemez de persil. Servez.

salade de noix de Saint-Jacques et carottes au curry

Faites cuire 4 carottes et 3 panais comme ci-dessus mais sans cumin. Mélangez 1 cuillère à soupe de curry en poudre avec 500 ml de lait et 60 g de beurre. Délayez 2 cuillères à soupe de fécule de maïs avec un peu de lait et versez dans le lait. Mettez le lait dans une casserole et portez à ébullition en remuant sans cesse. Lorsque la sauce a épaissi, ajoutez les noix de Saint-Jacques et faites cuire 3 minutes. Dressez les carottes et les panais sur un plat et disposez les noix de Saint-Jacques sur le dessus. Servez avec la sauce.

salade asiatique au saumon

Pour **4 personnes**
Préparation **20 minutes**
Cuisson **8 à 10 minutes**

150 g de **riz long**
4 **filets de saumon** de 125 g chacun
3 c. à s. de **sauce tamari**
100 g de **pois sugar snap** ou de **pois gourmands** coupés en deux dans le sens de la longueur
1 grosse **carotte** coupée en bâtonnets
4 **ciboules** émincées
100 g de **germes de soja**
6 c. à c. d'**huile de tournesol**
3 c. à s. de **graines de sésame**
2 c. à c. de **sauce de poisson** ou **nuoc mâm** (facultatif)
2 c. à c. de **vinaigre de riz** ou **de cidre**
les feuilles d'un petit **bouquet de coriandre** ou **de basilic** coupées en morceaux

Versez de l'eau dans une casserole à mi-hauteur et portez à ébullition. Ajoutez le riz et faites cuire 8 minutes.

Pendant ce temps, mettez le saumon sur une grille recouverte de papier d'aluminium et arrosez avec 1 cuillère à soupe de sauce tamari. Faites cuire 8 à 10 minutes sous le gril en retournant à mi-cuisson.

Ajoutez les pois sugar snaps ou les pois gourmands au riz et faites cuire 1 minute. Égouttez, rincez à l'eau froide et égouttez de nouveau. Versez dans un saladier. Ajoutez la carotte, les ciboules et les germes de soja.

Faites chauffer 1 cuillère à café d'huile dans une poêle antiadhésive et faites griller légèrement les graines de sésame. Ajoutez 1 cuillère à soupe de sauce tamari et couvrez aussitôt pour que les graines ne sautent pas. Retirez la poêle du feu et laissez reposer 1 à 2 minutes, puis ajoutez le reste de sauce tamari, l'huile, la sauce de poisson (facultatif) et le vinaigre.

Mélangez le sésame et les légumes. Enlevez la peau du saumon et coupez la chair en morceaux en retirant les arêtes. Ajoutez le saumon et les herbes dans le saladier et servez aussitôt.

salade de chorizo, poivron et origan

Pour **2 à 4 personnes**
Préparation **15 minutes**
Cuisson **15 minutes**

1 **oignon rouge**
2 **poivrons rouges**
2 **poivrons jaunes**
200 g de **chorizo**
1 c. à s. d'**huile d'olive**
2 c. à s. de **vinaigre de xérès**
½ bouquet d'**origan** grossièrement haché
75 g de **roquette**

sauce romesco (voir ci-dessous) pour servir
sel et **poivre**

Coupez l'oignon en petits dés. Équeutez et épépinez les poivrons et coupez la chair en carrés de 2 cm. Coupez le chorizo en tranches.

Faites chauffer l'huile dans une grande poêle à feu vif et faites cuire les poivrons 2 à 3 minutes. Ajoutez le chorizo et faites cuire 3 minutes. Baissez le feu, ajoutez l'oignon et poursuivez la cuisson 3 minutes. Déglacez la poêle avec le vinaigre de xérès et faites réduire 1 minute.

Mettez le contenu de la poêle dans un saladier et laissez refroidir légèrement puis ajoutez l'origan et la roquette. Salez et poivrez. Servez avec la sauce romesco (voir ci-dessous).

sauce romesco

Faites tremper 1 piment anchero séché dans l'eau pendant 1 heure, puis égouttez-le. Mixez 4 poivrons rouges marinés à l'huile, le piment, 2 tomates pelées et épépinées, 20 g d'amandes mondées grillées, 20 g de noisettes grillées, 1 gousse d'ail, 1 cuillère à soupe de vinaigre de vin et 1 cuillère à café de paprika fumé. Salez et poivrez. Servez avec la salade.

salade de couscous au poulet

Pour **4 personnes**
Préparation **20 minutes**
+ marinade
Cuisson **20 minutes**

4 **blancs de poulet** sans peau de 150 g chacun
300 g de **semoule à couscous**
300 ml de **bouillon de volaille** chaud
1 **grenade**
le **zeste** et le **jus d'une orange**
1 petit bouquet de **coriandre**
1 petit bouquet de **menthe**
2 c. à s. de **jus de citron**

Marinade
1 ½ c. à s. de **pâte de curry** (tikka masala)
5 c. à s. de **yaourt nature**
1 c. à c. d'**huile d'olive**

Préparez la marinade en mélangeant la pâte de curry, le yaourt et l'huile. Mettez le poulet dans un récipient non métallique, couvrez-le avec la moitié de la marinade et laissez mariner 1 heure au moins.

Mettez la semoule dans un saladier, ajoutez le bouillon chaud, couvrez et laissez gonfler 8 minutes.

Pendant ce temps, coupez la grenade en deux et retirez les graines. Ajoutez-les à la semoule avec le zeste et le jus d'orange.

Retirez le poulet de la marinade et mettez-le sur une plaque de cuisson recouverte de papier d'aluminium. Faites cuire le poulet 6 à 7 minutes au four préchauffé à 190 °C puis faites-le griller sous le gril 2 minutes de plus. Couvrez de papier d'aluminium et laissez reposer 5 minutes.

Hachez grossièrement la coriandre et la menthe, en gardant quelques feuilles pour décorer et ajoutez-les à la semoule. Coupez le poulet en fines tranches. Dressez la semoule sur les assiettes et ajoutez le poulet. Diluez la marinade avec le jus de citron et versez-la sur la semoule. Servez aussitôt.

vinaigrette à la grenade

Mélangez 150 ml de jus de grenade, 2 cuillères à soupe de mélasse de grenade (dans les épiceries orientales), 2 cuillères à soupe de vinaigre de vin et 3 cuillères à soupe d'huile d'olive. À servir à la place de la sauce précédente.

salade de potiron et de feta

Pour **4 personnes**
Préparation **20 minutes**
Cuisson **25 minutes** environ

500 g de **potiron**
huile d'olive
2 **branches de thym** grossièrement haché
200 g d'un **mélange de jeunes pousses de salade**
50 g de **feta**
2 c. à s. de **pignons de pin**
sel et **poivre**

Vinaigrette
1 c. à c. de **moutarde de Dijon**
2 c. à s. de **vinaigre balsamique**
4 c. à s. d'**huile d'olive**

Pelez et retirez les graines du potiron, coupez la chair en cubes de 2 cm et mettez-les dans un plat à four. Arrosez d'huile d'olive, parsemez de thym, salez et poivrez. Faites cuire 25 minutes au four préchauffé à 190 °C. Sortez du four et laissez refroidir légèrement.

Pendant ce temps, préparez la vinaigrette en mélangeant la moutarde, le vinaigre et l'huile.

Mettez les jeunes pousses de salade dans un saladier, ajoutez le potiron cuit et émiettez la feta. Versez la vinaigrette et remuez délicatement. Dressez sur les assiettes, parsemez de pignons de pin et servez aussitôt.

salade de pâtes au potiron, lardons et sauge

Préparez le potiron comme ci-dessus, mais en remplaçant le thym par 2 branches de sauge. Faites cuire 250 g de penne, égouttez et rincez à l'eau froide. Faites dorer 250 g de lardons dans une poêle, ajoutez 10 feuilles de sauge et faites-les griller. Retirez les ingrédients de la poêle et égouttez-les sur du papier absorbant. Mélangez tous les ingrédients dans un saladier, ajoutez 100 g de jeunes pousses de salade, 60 g de feta, salez et poivrez. Arrosez d'huile d'olive et servez.

salade de légumes grillés au vinaigre balsamique

Pour **4 personnes**
Préparation **20 minutes**
Cuisson **30 minutes**

1 **oignon rouge** grossièrement haché
4 **carottes** grossièrement hachées
1 **poivron rouge** équeuté, épépiné, et coupé en gros morceaux
1 **patate douce** pelée et coupée en morceaux de même taille
400 g de **courgettes** pelées et coupées en morceaux de même taille
1 **courge butternut** de 1 kg environ coupée en morceaux
2 c. à s. d'**huile d'olive** + un peu pour arroser
150 ml de **vinaigre balsamique**
1 c. à s. de **thym** haché
1 c. à s. de **romarin** haché
75 g de **roquette**
sel et **poivre**

Mettez tous les légumes dans un plat à four et arrosez-les d'huile d'olive et de vinaigre balsamique. Ajoutez les herbes, salez et poivrez. Faites cuire les légumes 30 minutes au four préchauffé à 190 °C jusqu'à ce qu'ils soient légèrement croustillants.

Retirez du four et laissez refroidir un peu. Mélangez les légumes avec la roquette, arrosez d'un filet d'huile d'olive, rectifiez l'assaisonnement et servez.

salade de légumes et d'agneau en croûte d'herbes

Mettez 100 g de beurre, 100 g de chapelure, 2 cuillères à soupe de thym haché, 2 cuillères à soupe de romarin haché, 50 g de persil haché, 2 gousses d'ail écrasées et 50 g de parmesan râpé dans le bol d'un robot. Salez et poivrez. Mixez. Mettez ce beurre composé entre deux feuilles de papier sulfurisé et étalez-le en couche de 5 mm d'épaisseur. Faites durcir le beurre au réfrigérateur. Faites chauffer 1 cuillère à soupe d'huile dans une grande poêle et faites saisir 2 carrés d'agneau de 4 côtelettes. Faites cuire ensuite au four préchauffé à 190 °C 12 minutes environ. Retirez l'agneau du four. Coupez le beurre composé en deux et ajoutez-le sur chaque carré d'agneau. Faites-les dorer sous le gril. Laissez reposer 5 minutes, coupez la viande et servez avec la salade de légumes préparée comme ci-dessus.

salade de pommes de terre et saumon fumé

Pour **4 personnes**
Préparation **15 minutes**
Cuisson **20 minutes**

600 g de **pommes de terre nouvelles**
2 c. à s. de **câpres**
3 c. à s. de **mayonnaise** (voir page 12)
2 c. à s. de **jus de citron**
1 c. à c. de **raifort râpé**
150 g de **saumon fumé**
germes de moutarde et **de cresson**
sel et **poivre**

Mettez les pommes de terre dans de l'eau froide salée, portez à ébullition et faites cuire 15 à 20 minutes. Égouttez et laissez refroidir légèrement.

Pendant ce temps, hachez les câpres et mélangez-les avec la mayonnaise, le jus de citron et le raifort. Salez et poivrez. Mettez les pommes de terre chaudes dans un saladier, ajoutez la mayonnaise et mélangez.

Dressez le saumon fumé sur 4 assiettes, recouvrez de pommes de terre et décorez avec les germes de moutarde et de cresson.

salade de pommes de terre et rôti de bœuf

Faites saisir un filet de bœuf de 450 g dans une poêle, puis faites-le cuire 15 minutes au four préchauffé à 180 °C pour une cuisson saignante. Retirez du four, couvrez la viande avec du papier d'aluminium et laissez reposer. Mélangez 50 ml de mayonnaise, 2 cuillères à soupe de moutarde à l'ancienne, 1 cuillère à café de moutarde de Dijon et 5 ciboules finement émincées. Mélangez la sauce avec 600 g de pommes de terre nouvelles cuites. Coupez le bœuf en fines tranches et servez avec la salade de pommes de terre.

salade d'asperges et roquette

Pour **4 personnes**
Préparation **15 minutes**
Cuisson **5 minutes**

3 c. à s. d'**huile** (facultatif)
500 g d'**asperges**
125 ml de **sauce à l'estragon** et **au citron** (voir page 14)
125 g de **roquette**
2 **ciboules** finement émincées
4 **radis** coupés en fines tranches
sel et **poivre**

Pour décorer
des **herbes** grossièrement hachées, comme de l'**estragon**, du **persil**, du **cerfeuil** et de l'**aneth**
fins bâtonnets de **zeste de citron**

Faites chauffer l'huile (facultatif) dans une grande poêle antiadhésive et ajoutez les asperges sans les superposer. Faites cuire 5 minutes en retournant de temps en temps. Les asperges doivent être tendres lorsque vous les piquez avec la pointe d'un couteau et légèrement grillées. Mettez-les dans un plat, salez et poivrez. Couvrez avec la sauce à l'estragon et au citron, remuez délicatement et laissez reposer 5 minutes.

Mettez la roquette sur un plat. Ajoutez la ciboule et les tranches de radis sur la roquette. Dressez les asperges au centre. Décorez avec les herbes et le zeste de citron. Servez la salade en entrée avec du pain ou en accompagnement avec le plat principal.

asperges grillées au lard

Retirez les extrémités dures d'une botte d'asperges de 500 g. Enveloppez chaque asperge dans une fine tranche de lard en veillant à ce que le lard recouvre bien la pointe de l'asperge. Mettez les asperges côte à côte sur une plaque de cuisson et faites-les dorer 5 à 7 minutes sous le gril en les retournant de temps en temps. Servez les asperges avec la salade de roquette préparée comme ci-dessus et nappez de sauce à l'estragon et au citron.

salade de légumes et halloumi grillés

Pour **4 personnes**
Préparation **15 minutes**
Cuisson **25 minutes**

12 **tomates cerises** en branche
4 **champignons portobello** (ou très gros **champignons de Paris**)
huile d'olive
2 **courgettes**
500 g d'**asperges** pelées
250 g de **fromage halloumi**
sel et **poivre**

Vinaigrette
2 c. à s. d'**huile d'olive**
2 c. à s. de **vinaigre balsamique**

Mettez les tomates et les champignons dans un plat à four et arrosez-les avec 2 cuillères à soupe d'huile d'olive. Salez et poivrez. Faites cuire 10 minutes au four préchauffé à 180 °C.

Pendant ce temps, coupez les courgettes en bâtonnets de 4 x 2 cm et mettez-les dans un saladier avec les asperges. Arrosez d'huile d'olive et saupoudrez d'une pincée de sel et de poivre. Faites-les griller sur un gril en fonte (ou une poêle antiadhésive) bien chaud. Mettez-les au four avec les autres légumes et faites-les cuire 6 à 8 minutes.

Coupez le fromage halloumi en tranches de 5 mm. Faites chauffer 1 cuillère à café d'huile d'olive à feu moyen dans une poêle et faites dorer les tranches de fromage.

Préparez la vinaigrette en mélangeant l'huile et le vinaigre. Empilez les légumes sur les assiettes, recouvrez de tranches de fromage et ajoutez la vinaigrette. Servez.

salade de pastèque à l'halloumi grillé

Coupez 250 g de fromage halloumi en fines tranches. Faites chauffer 1 cuillère à soupe d'huile d'olive dans une grande poêle antiadhésive et faites griller le fromage. Posez-le ensuite sur du papier absorbant. Pelez et épépinez la moitié d'une petite pastèque et coupez-la en petits triangles. Mélangez la pastèque avec 1 petit bouquet de menthe hachée et 1 avocat coupé en dés. Servez avec le fromage grillé.

salade de champignons grillés

Pour **2 personnes**
Préparation **10 minutes**
Cuisson **20 minutes**

2 **champignons portobello** (ou très gros **champignons de Paris**) de 150 g chacun
3 c. à s. d'**huile d'olive**
1 c. à s. de **vinaigre balsamique**
60 g de **mie de pain** grossièrement hachée
3 branches de **thym** haché
20 g d'un mélange de **roquette**, **cresson** et **pousses d'épinard**
sel et **poivre**

Sauce
100 g de **fromage de chèvre frais**
2 c. à s. d'**huile d'olive**
2 c. à s. de **lait**

Mettez les champignons dans un plat à four et arrosez-les avec 1 cuillère à soupe d'huile d'olive et le vinaigre balsamique. Faites cuire 20 minutes au four préchauffé à 180 °C.

Pendant ce temps, étalez la mie de pain sur une plaque de cuisson avec le thym. Versez le reste d'huile, salez et poivrez. Enfournez et faites dorer 6 à 8 minutes.

Préparez la sauce. Mettez le fromage, l'huile et le lait dans une casserole et faites chauffer à feu doux en remuant jusqu'à ce que le mélange ait la consistance d'une sauce. Ajoutez un peu de lait si la sauce est trop épaisse.

Dressez les champignons sur les assiettes et parsemez de chapelure. Ajoutez un peu de salade sur le côté et versez la sauce chaude. Servez aussitôt.

salade de champignons et prosciutto grillés

Mettez 4 tranches de prosciutto sur une plaque de cuisson et faites-les griller 4 à 5 minutes au four préchauffé à 180 °C. Préparez les champignons et la chapelure comme ci-dessus et servez le prosciutto grillé avec les champignons et la salade.

salade de calamar, fenouil et pommes de terre

Pour **4 personnes**
Préparation **15 minutes**
+ refroidissement
Cuisson **30 minutes**

250 g de **pommes de terre nouvelles**
2 **fenouils**
3 c. à s. d'**huile d'olive**
500 g d'**anneaux de calamar**
100 g de **cresson**
sel et **poivre**

Assaisonnement
1 **échalote** finement hachée
1 **piment rouge** épépiné et haché
le **zeste** et le **jus** d'un **citron**
1 c. à s. de **câpres** hachées
1 c. à s. de **menthe** hachée
2 c. à s. d'**huile d'olive**

Mettez les pommes de terre dans de l'eau froide salée, portez à ébullition et faites cuire 15 à 20 minutes. Égouttez et laissez refroidir légèrement.

Réservez les feuilles des fenouils pour décorer. Coupez les bulbes en fines tranches en gardant la base intacte pour que les tranches restent attachées. Mettez les fenouils dans un plat à four et arrosez-les avec 1 cuillère à soupe d'huile d'olive. Salez et poivrez. Faites-les rôtir 15 minutes au four préchauffé à 190 °C.

Pendant ce temps, coupez les pommes de terre en deux. Faites chauffer 1 cuillère à soupe d'huile dans une poêle et faites sauter les pommes de terre. Égouttez-les sur du papier absorbant et mettez-les dans un saladier.

Préparez l'assaisonnement en mélangeant tous les ingrédients dans un bol.

Faites chauffer le reste d'huile dans une grande poêle jusqu'à ce qu'elle commence à fumer et faites frire les calamars 2 à 3 minutes. Mettez-les dans le saladier. Sortez les fenouils du four, laissez refroidir légèrement et mettez-les dans le saladier. Ajoutez l'assaisonnement et remuez. Ajoutez le cresson et servez aussitôt.

salade de saumon fumé au thé

Pour **4 personnes**
Préparation **15 minutes**
+ repos
Cuisson **10 minutes**

4 **filets de saumon** de 125 g chacun
125 g de **tomates cerises** coupées en deux
125 g de **roquette**

Mélange pour fumer le saumon
8 c. à s. de **thé au jasmin**
8 c. à s. de **sucre roux**
8 c. à s. de **riz long**

Vinaigrette
1 **échalote** finement hachée
1 **gousse d'ail** finement hachée
un peu de **thym**
1 c. à c. de **moutarde de Dijon**
2 c. à c. de **vinaigre de vin**
4 à 5 c. à s. d'**huile d'olive**
sel et **poivre**

Mélangez les ingrédients pour fumer le saumon. Tapissez un wok de papier d'aluminium en débordant un peu et déposez le mélange au fond du wok. Placez une grille à mi-hauteur. Posez un couvercle et faites chauffer 5 minutes jusqu'à ce que le mélange commence à fumer. Pendant ce temps, retirez les arêtes du saumon avec une pince. Mettez les tomates et la roquette dans un saladier.

Retirez le couvercle du wok et posez le saumon côté peau sur la grille. Couvrez et faites cuire 5 minutes à feu vif. Retirez du feu et laissez reposer 3 minutes à couvert. Pendant ce temps, préparez la vinaigrette en mélangeant tous les ingrédients dans un bol.

Coupez le saumon en morceaux et mettez-le dans le saladier. Versez la vinaigrette et remuez. Servez aussitôt.

salade de nouilles de sarrasin et saumon fumé au thé

Préparez le saumon comme ci-dessus et réservez. Faites cuire 150 g de nouilles de sarrasin *al dente*. Égouttez et rincez à l'eau froide. Mélangez-les avec 1 cuillère à soupe d'huile de sésame et le zeste et le jus d'un citron vert. Faites chauffer à feu doux 100 ml de vinaigre d'alcool blanc, 25 ml d'eau et 3 cuillères à soupe de sucre. Laissez refroidir. Coupez ½ concombre en fines tranches et mélangez-les avec le vinaigre. Laissez mariner 1 heure. Retirez le concombre et mélangez-le avec les nouilles et 125 g de roquette. Servez avec le saumon.

salade de chorizo et d'œufs de caille

Pour **4 personnes**
Préparation **15 minutes**
Cuisson **15 à 20 minutes**

3 c. à s. d'**huile d'olive**
200 g de **chorizo**
1 petit **oignon rouge** coupé en quartiers
1 **gousse d'ail** hachée
1 c. à c. de **paprika fumé**
1 c. à c. d'**origan séché**
8 à 12 **œufs de caille**
300 g de **pousses d'épinard**
1 c. à s. de **vinaigre de xérès**
1 c. à s. de **câpres** rincées et égouttées
2 c. à s. de **ciboulette** hachée

Faites chauffer 1 cuillère à soupe d'huile dans une grande poêle à feu moyen. Coupez le chorizo en grosses tranches et faites-les revenir 3 minutes. Ajoutez l'oignon et l'ail et faites cuire 2 minutes jusqu'à ce que l'oignon soit légèrement doré. Ajoutez le paprika et l'origan et retirez du feu.

Portez une casserole d'eau à frémissement. Cassez un œuf de caille dans une soucoupe et faites-le glisser délicatement dans l'eau. Faites-le pocher 1 minute et retirez-le avec une écumoire. Posez-le sur du papier absorbant et gardez-le au chaud pendant que vous faites pocher les autres œufs.

Lavez et essorez les pousses d'épinard. Ajoutez-les au chorizo avec le reste d'huile d'olive et le vinaigre. Dressez sur les assiettes, parsemez les câpres et ajoutez 2 ou 3 œufs de caille par assiette. Parsemez de ciboulette et servez aussitôt.

salade d'épinard, de chorizo et de lentilles

Faites cuire 200 g de lentilles vertes du Puy. Ajoutez dans l'eau de cuisson 1 piment rouge coupé en deux, 2 gousses d'ail écrasées et 1 cuillère à café de cumin. Égouttez les lentilles et réservez-les au chaud. Préparez la salade comme ci-dessus et mélangez les lentilles aux autres ingrédients. Assaisonnez avec 1 cuillère à soupe d'huile d'olive et 1 cuillère à soupe de vinaigre de xérès. Mettez les œufs de caille pochés sur le dessus.

salades de riz, haricots, céréales et pâtes

salade de riz à la japonaise

Pour **2 à 3 personnes**
Préparation **20 minutes**
+ refroidissement
Cuisson **30 minutes**

250 g de **riz à sushi**
6 c. à s. de **vinaigre de riz**
2 ½ c. à s. de **sucre en poudre**
5 g de **gingembre au vinaigre** haché
½ c. à c. de **wasabi**
½ **concombre**
1 **avocat** de 175 g pelé et coupé en dés
250 g de **saumon** sans peau coupé en morceaux
8 **ciboules** coupées en fines tranches

Pour décorer
3 c. à s. de **graines de sésame grillées**

Faites cuire le riz en suivant les instructions figurant sur l'emballage.

Pendant ce temps, mettez le vinaigre et le sucre dans une petite casserole et faites chauffer à feu doux en remuant jusqu'à ce que le sucre soit dissous. Retirez du feu et ajoutez le gingembre et le wasabi. Laissez refroidir. Coupez le concombre en deux dans le sens de la longueur et épépinez-le avec une petite cuillère. Coupez-le en fines tranches et ajoutez-les au vinaigre refroidi.

Lorsque le riz est cuit, mettez-le dans un plat. Passez le vinaigre à l'aide d'une passoire et arrosez le riz sans ajouter le concombre. Mélangez et laissez refroidir.

Mettez le riz refroidi dans un saladier et ajoutez le concombre, le saumon, l'avocat et la ciboule. Parsemez de graines de sésame et servez.

salade de riz au thon

Mélangez 2 cuillères à soupe de sauce de soja et ½ cuillère à café de wasabi. Badigeonnez 300 g de filet de thon frais avec ce mélange. Pressez le thon dans des graines de sésame pour le recouvrir. Faites chauffer 1 cuillère à soupe d'huile à feu vif dans une grande poêle et faites cuire le thon 1 à 2 minutes de chaque côté. Retirez du feu et laissez reposer. Préparez la salade comme ci-dessus mais sans le saumon. Coupez le thon en fines tranches et servez-le avec la salade de riz.

salade de pâtes orzo aux petits pois

Pour **4 personnes**
Préparation **15 minutes** + repos
Cuisson **12 minutes**

250 g de **pâtes orzo** ou **malloreddus**
250 g de **petits pois** décongelés
6 c. à s. d'**huile d'olive**
6 **ciboules** grossièrement hachées
2 **gousses d'ail** écrasées
8 **cœurs d'artichauts marinés** finement tranchés
4 c. à s. de **menthe** hachée
le **jus** de ½ **citron**
zeste râpé de **citron** pour décorer
sel et **poivre**

Faites cuire les pâtes 6 minutes dans de l'eau bouillante ou en suivant les instructions figurant sur l'emballage. Ajoutez les petits pois et faites cuire 2 à 3 minutes jusqu'à ce que les pâtes et les petits pois soient cuits. Égouttez.

Pendant ce temps, faites chauffer 2 cuillères à soupe d'huile dans une poêle et faites sauter la ciboule et l'ail 1 à 2 minutes.

Mélangez les pâtes et les petits pois avec la ciboule, l'ail, les cœurs d'artichauts marinés, la menthe et le reste d'huile. Salez et poivrez. Laissez reposer 10 minutes. Incorporez le jus de citron. Servez la salade chaude avec le zeste de citron râpé.

salade de pâtes au poulet citronné

Coupez un poulet de 1,25 kg en crapaudine en fendant le poulet tout le long du dos et en écrasant légèrement la poitrine pour lui donner la forme d'un crapaud. Mélangez 3 cuillères à soupe d'huile d'olive, 2 cuillères à soupe de menthe hachée, 2 cuillères à soupe de persil haché, le zeste et le jus d'un citron, du sel et du poivre. Frottez ce mélange sur le poulet et laissez mariner 1 heure au moins. Mettez le poulet côté peau sur le dessus dans un plat à four recouvert de papier d'aluminium et faites cuire 40 minutes environ au four préchauffé à 180 °C. Laissez reposer 5 minutes et coupez le poulet en petits morceaux. Placez-les sur la salade de pâtes préparée comme ci-dessus et servez avec des quartiers de citron.

salade de pâtes orzo au crabe

Pour **4 personnes**
Préparation **15 minutes**
Cuisson **20 minutes**

100 g de **pâtes orzo**
400 g de **chair de crabe cuite**
200 g de **tomates cerises**
125 g de **roquette**
le **zeste** et le **jus** d'un **citron**
2 c. à s. de **persil** haché
1 c. à c. de **câpres** rincées
2 c. à s. d'**huile d'olive**

Mayonnaise pimentée
200 ml de may**onnaise** (voir page 12)
1 **poivron rouge mariné**
1 **piment rouge** long grossièrement haché
1 c. à c. de **jus de citron**
sel et **poivre**

Faites cuire les pâtes orzo dans une grande quantité d'eau chaude en suivant les instructions figurant sur l'emballage. Rincez à l'eau froide et réservez.

Préparez la mayonnaise pimentée. Mettez la mayonnaise, le poivron et le piment dans le bol d'un robot et mixez jusqu'à ce que le mélange soit onctueux. Assaisonnez avec du sel, du poivre et du jus de citron.

Mélangez le crabe et les pâtes dans un saladier. Coupez les tomates en deux. Ajoutez les tomates, la roquette, le zeste de citron, le persil et les câpres dans le saladier et mélangez délicatement. Ajoutez 2 cuillères à soupe de jus de citron et l'huile. Salez et poivrez. Servez la salade avec une cuillère à soupe de mayonnaise pimentée sur le côté de l'assiette.

mayonnaise aux herbes

Hachez l'équivalent de 4 cuillères à soupe d'un mélange de ciboulette, cerfeuil, aneth, persil et menthe. Mélangez les herbes hachées avec 200 ml de mayonnaise, le zeste d'un citron et 1 cuillère à soupe de jus de citron. Rectifiez l'assaisonnement et servez avec la salade de pâtes préparée comme ci-dessus.

salade de lentilles et feta

Pour **2 à 4 personnes**
Préparation **15 minutes**
Cuisson **30 minutes**

250 g de **lentilles vertes du Puy**
2 **carottes** coupées en petits dés
2 branches de **céleri** coupées en petits dés
100 g de **feta**
2 c. à s. de **persil** haché
sel et **poivre**

Vinaigrette
3 c. à s. de **vinaigre de vin**
2 c. à c. de **moutarde de Dijon**
5 c. à s. d'**huile d'olive**

Mettez les lentilles dans une casserole, couvrez d'eau froide et ajoutez une pincée de sel. Portez à ébullition et faites cuire 20 à 25 minutes en veillant à ce que les lentilles restent fermes. Égouttez et rincez à l'eau froide. Égouttez de nouveau et mettez les lentilles dans un saladier.

Ajoutez les carottes, le céleri, la feta émiettée et le persil haché.

Préparez la vinaigrette en mélangeant le vinaigre, la moutarde et l'huile. Mélangez la vinaigrette et la salade. Salez et poivrez. Servez aussitôt.

salade de lentilles aux œufs pochés et aux asperges

Préparez les lentilles comme ci-dessus. Faites blanchir 500 g d'asperges pelées, rincez-les à l'eau froide et réservez. Faites griller 250 g de tranches de pancetta sous un gril. Coupez les asperges et la pancetta en morceaux de 3 cm. Mélangez les lentilles avec les asperges, la pancetta, 2 cuillères à soupe de persil haché et 5 cuillères à soupe d'huile d'olive. Salez et poivrez. Remuez délicatement et dressez sur les assiettes. Ajoutez un œuf poché sur la salade et nappez chaque œuf d'une cuillère à soupe de sauce hollandaise.

taboulé au curry

Pour **4 personnes**
Préparation **15 minutes**

le **jus** d'une **orange**
2 c. à c. de **pâte de curry douce**
200 g de **semoule à couscous**
50 g de **raisins secs**
300 ml d'**eau bouillante**
250 g de **filets de maquereau fumé**
1 petit **oignon rouge** finement haché
½ **poivron rouge** équeuté, épépiné et coupé en dés
2 **tomates** hachées
1 petit bouquet de **coriandre** grossièrement hachée
poivre

Mélangez le jus d'orange et la pâte de curry dans un bol. Ajoutez la semoule, les raisins secs et un peu de poivre. Versez l'eau bouillante et mélangez avec une fourchette. Laissez reposer 5 minutes.

Pendant ce temps, retirez la peau des filets de maquereau et coupez la chair en morceaux en retirant les éventuelles arêtes.

Mélangez le maquereau, l'oignon, le poivron et les tomates avec la semoule. Parsemez de coriandre hachée. Dressez sur les assiettes et servez aussitôt.

taboulé au curry et côtelettes d'agneau

Mélangez 4 cuillères à soupe de yaourt nature et 1 cuillère à café de pâte de curry. Faites mariner 12 côtelettes d'agneau dans ce mélange. Préparez le taboulé comme ci-dessus mais sans maquereau. Faites chauffer 2 cuillères à soupe d'huile dans un gril en fonte (ou une poêle antiadhésive) et faites cuire les côtelettes d'agneau à feu vif 3 minutes de chaque côté. Parsemez de coriandre hachée et servez l'agneau avec le taboulé.

salade de poivrons, kabanos et haricots

Pour **4 personnes**
Préparation **10 minutes**
+ refroidissement
Cuisson **20 minutes**

3 **poivrons rouges** coupés en deux, équeutés et épépinés
1 **piment rouge** épépiné
1 c. à s. d'**huile d'olive**
1 **oignon** finement tranché
75 g de saucisson polonais **kabanos** coupé en fines tranches
2 boîtes de 400 g de gros **haricots blancs** ou **flageolets** égouttés et rincés
1 c. à s. de **vinaigre balsamique**
2 c. à s. de **coriandre** hachée

Mettez les poivrons et le piment sur une plaque de cuisson côté peau vers le haut et faites-les cuire 10 à 12 minutes sous un gril chaud jusqu'à ce que la peau noircisse. Enfermez-les dans un sac en plastique et laissez refroidir. Pelez la peau et coupez la chair en lamelles.

Pendant ce temps, faites chauffer l'huile dans une grande poêle antiadhésive et faites revenir l'oignon 5 à 6 minutes. Ajoutez le saucisson et faites revenir 1 à 2 minutes. Mettez les haricots dans un saladier. Ajoutez les autres ingrédients et mélangez. Servez la salade avec du pain aux noix.

salade de haricots et brochettes de bœuf

Mélangez 1 cuillère à café de piment séché, 2 cuillères à soupe de coulis de poivron rouge, 4 cuillères à soupe d'huile d'olive, 1 oignon finement émincé, 1 cuillère à café de cumin moulu et 1 cuillère à café de coriandre moulue. Faites mariner 400 g de bœuf coupé en cubes dans ce mélange pendant 1 heure au moins, puis enfilez la viande sur des brochettes en bois pré-trempées ou en métal en alternant un morceau de viande et un morceau d'oignon et de poivron vert. Faites cuire 4 minutes de chaque côté sous un gril préchauffé. Préparez la salade comme ci-dessus, mais sans le saucisson kabanos, et servez-la avec les brochettes de bœuf.

salade d'orecchiette, pancetta et brocoli

Pour **4 personnes**
Préparation **15 minutes**
Cuisson **20 minutes**

250 g de **brocoli**
300 g de **pâtes orecchiette**
150 g de **pancetta**
150 g de **tomates cerises**

Sauce
4 c. à s. de **mayonnaise** (voir page 12)
2 c. à s. de **crème liquide**
2 ½ c. à s. de **sauce tomate**
2 c. à c. de **sauce Worcestershire**
3 gouttes de **sauce Tabasco**
1 c. à c. de **jus de citron jaune**
sel et **poivre**

Coupez le brocoli en fleurettes et coupez la tige en tranches.

Pendant ce temps, portez de l'eau salée à ébullition dans une grande casserole et faites cuire les pâtes 10 minutes ou selon le temps indiqué sur l'emballage. Ajoutez la tige du brocoli et faites cuire 2 minutes. Ajoutez les fleurettes et faites cuire 1 minute. Égouttez et rincez à l'eau froide. Mettez les pâtes et le brocoli dans un saladier.

Coupez la pancetta en lardons et faites-les revenir à sec 4 minutes jusqu'à ce qu'ils soient dorés. Égouttez sur du papier absorbant et laissez refroidir avant de les ajouter aux pâtes. Coupez les tomates cerises en deux et ajoutez-les aux pâtes.

Préparez la sauce en mélangeant tous les ingrédients. Salez et poivrez. Mélangez la sauce et les pâtes.

salade chaude de brocoli et de poulet

Faites cuire les pâtes et le brocoli comme ci-dessus, mais ne rincez pas à l'eau froide. Émincez 2 blancs de poulet pochés. Mélangez le poulet, 150 g de tomates cerises coupées en deux, 3 cuillères à soupe d'huile d'olive, 1 piment rouge coupé en tranches et 60 g de parmesan râpé avec les pâtes. Saupoudrez de parmesan râpé sur le dessus, de 2 cuillères à soupe de persil haché et de 2 cuillères à soupe de basilic haché.

salade de lentilles et sardines

Pour **4 personnes**
Préparation **15 minutes**
Cuisson **3 minutes**

100 g de **petits pois** surgelés
2 boîtes de 120 g de **sardines à la tomate** sans peau et sans arêtes
1 boîte de 410 g de **lentilles vertes du Puy**
un morceau de **concombre** de 5 cm
1 petit **oignon rouge**
1 petit bouquet de **menthe** grossièrement hachée
le **zeste** râpé et le **jus** d'un **citron jaune**
1 **salade romaine**
poivre

Faites cuire les petits pois surgelés 3 minutes dans de l'eau bouillante. Vous pouvez également les faire cuire 1 ½ minute au micro-ondes à puissance maximum.

Coupez les sardines en morceaux et mettez-les dans un saladier avec la sauce tomate. Rincez et égouttez les lentilles, coupez le concombre en dés et hachez l'oignon. Ajoutez les lentilles, les petits pois, le concombre et l'oignon avec les sardines. Ajoutez la menthe, le zeste et le jus de citron et un peu de poivre. Mélangez.

Détachez les feuilles de la romaine et disposez-les sur les assiettes. Ajoutez la salade de lentilles sur les feuilles de romaine et servez.

salade de pommes de terre et sardines

Écrasez 200 g de petites pommes de terre cuites en robe des champs et mettez-les dans un plat à four avec 200 g de tomates cerises. Arrosez d'huile d'olive, de sel et de poivre et ajoutez 3 branches de thym. Faites cuire au four préchauffé à 190 °C jusqu'à ce que le dessus soit doré. Laissez refroidir quelques instants. Pendant ce temps, préparez l'assaisonnement en mélangeant 3 cuillères à soupe de persil haché, 1 gousse d'ail écrasée, le zeste et le jus d'un citron et 3 cuillères à soupe d'huile d'olive. Faites frire 4 filets de sardines à la poêle 2 à 3 minutes de chaque côté. Mélangez les tomates et les pommes de terre avec 75 g de roquette. Disposez les filets de sardine sur le dessus et versez l'assaisonnement.

salade de saumon et graines de sarrasin

Pour **4 personnes**
Préparation **15 minutes**
Cuisson **20 minutes**

300 g de **graines de sarrasin**
250 g de **fleurettes de brocoli**
250 g de **tomates cerises** coupées en deux
250 g de **saumon fumé**
1 petit **bouquet de persil** haché
4 c. à s. d'**aneth** haché
sel et **poivre**

Assaisonnement
le **jus** d'un **citron jaune**
3 c. à s. d'**huile d'olive**

Mettez le sarrasin dans une casserole, couvrez-le d'eau froide et ajoutez une pincée de sel. Portez à ébullition et faites cuire 10 à 15 minutes en veillant à ce que le sarrasin reste ferme. Égouttez et rincez à l'eau froide.

Faites blanchir le brocoli 2 à 3 minutes dans de l'eau bouillante salée. Rincez à l'eau froide et égouttez.

Mélangez les tomates cerises, le sarrasin et le brocoli dans un saladier. Ajoutez le saumon fumé coupé en lanières, le persil et la moitié de l'aneth dans le saladier.

Préparez l'assaisonnement en mélangeant le jus de citron et l'huile. Versez sur la salade. Salez et poivrez. Parsemez le reste d'aneth et servez aussitôt.

salade de saumon fumé et légumes verts printaniers

Faites blanchir 400 g de légumes verts variés (des pois gourmands, asperges, haricots verts et petits pois). Rincez-les à l'eau froide. Mettez-les dans un saladier et ajoutez 250 g de saumon fumé coupé en fines lanières, 1 oignon rouge coupé en dés, 2 cuillères à soupe de persil haché, 60 g de cresson et 2 cuillères à soupe d'huile d'olive. Salez et poivrez. Mélangez dans un bol 4 cuillères à soupe de crème fraîche, le zeste et le jus d'un citron, 2 cuillères à soupe d'aneth haché, 2 cuillères à soupe d'huile d'olive, du sel et du poivre. Versez la sauce sur la salade et servez.

salade de haricots blancs, poivrons et feta

Pour **4 personnes**
Préparation **15 minutes**
+ refroidissement
Cuisson **10 à 15 minutes**

2 **poivrons rouges** coupés en deux, équeutés et épépinés
4 c. à s. d'**huile d'olive**
2 c. à s. de **vinaigre balsamique** ou de **vinaigre de vin**
3 c. à c. de **pesto de tomates séchées**
4 c. à c. de **câpres**
2 boîtes de 410 g de **haricots cannellini**, de **haricots blancs** ou de **pois chiches**
½ **oignon rouge** finement haché
4 branches de **céleri** coupées en tranches
125 g de **feta**
1 **salade romaine**
sel et **poivre**

Mettez les poivrons sur une grille recouverte de papier d'aluminium côté peau vers le haut. Badigeonnez-les d'huile et faites-les cuire 10 à 12 minutes sous un gril préchauffé jusqu'à ce que la peau noircisse. Enfermez-les dans un sac en plastique et laissez refroidir.

Pendant ce temps, préparez l'assaisonnement en mélangeant le reste d'huile, le vinaigre, le pesto de tomates séchées et les câpres hachées. Salez et poivrez.

Rincez et égouttez les haricots ou les pois chiches. Mélangez-les avec l'assaisonnement, l'oignon et le céleri.

Pelez la peau des poivrons et coupez la chair en lanières. Ajoutez-les aux haricots et mélangez délicatement. Émiettez la feta sur le dessus et servez la salade sur un lit de feuilles de romaine.

salade de chorizo

Préparez la salade comme ci-dessus. Coupez 3 chorizos en tranches et faites-les dorer à feu vif dans une poêle antiadhésive. Retirez le chorizo en laissant la matière grasse dans la poêle. Mettez le chorizo sur du papier absorbant. Faites cuire 2 minutes à feu doux 1 oignon rouge finement haché dans la poêle. Déglacez la poêle avec 3 cuillères à soupe de vinaigre. Versez sur la salade et mélangez. Parsemez 125 g de feta émiettée et servez aussitôt.

salade de lentilles vertes et salsa verde

Pour **4 personnes**
Préparation **15 minutes**
Cuisson **45 minutes**

1 c. à c. d'**huile d'olive**
1 petit **oignon** finement haché
300 g de **lentilles vertes du Puy**
450 ml de **bouillon de légumes**
200 g de **tomates cerises** coupés en morceaux
1 **botte de ciboules** finement tranchées

Salsa verde
4 c. à s. d'un **mélange d'herbes** hachées, par exemple du **persil**, de la **coriandre** et de la **ciboulette**
1 c. à s. de **câpres** égouttées
2 **filets d'anchois** (facultatif)
1 c. à s. d'**huile d'olive**
le **zeste** râpé et le **jus** d'un **citron vert**

Faites chauffer l'huile dans une casserole et faites revenir l'oignon 2 à 3 minutes.

Ajoutez les lentilles et le bouillon, portez à ébullition, baissez le feu, couvrez et faites mijoter 30 à 40 minutes jusqu'à ce que les lentilles soient cuites et le bouillon absorbé. Ajoutez les tomates et la ciboule, puis mélangez.

Pendant ce temps, préparez la salsa en mixant les herbes, les câpres, les anchois (facultatif), l'huile, le zeste et le jus de citron vert quelques secondes.

Versez la salsa sur les lentilles chaudes et mélangez. Servez avec des chapatis ou des pitas grillés.

salade de lentilles et keftas d'agneau

Préparez la salade de lentilles comme ci-dessus mais en l'assaisonnant avec 3 cuillères à soupe d'huile d'olive et 2 cuillères à soupe de menthe hachée. Mélangez 400 g d'agneau haché avec 1 cuillère à café de piment séché émietté, 1 oignon rouge haché, 1 petit bouquet de menthe hachée et 1 ½ cuillère à café de cumin moulu. Salez et poivrez. Prenez une petite poignée de viande et pressez autour d'une brochette en donnant une forme ovale. Recommencez avec le reste de la préparation. Faites cuire les brochettes 6 minutes au barbecue ou sous un gril préchauffé en les retournant régulièrement. Servez avec la salade de lentilles et une cuillère de yaourt à la grecque.

salade de farfalle, tomates et pesto

Pour **4 à 6 personnes**
Préparation **10 minutes**
Cuisson **20 minutes**

400 g de **pâtes farfalle**
5 c. à s. de **pesto au basilic** (voir ci-dessous)
100 g de **roquette**
120 g de **tomates séchées à l'huile**
1 petite poignée de **feuilles de basilic**
60 g de **parmesan** râpé
sel et **poivre**

Faites cuire les pâtes dans une grande quantité d'eau bouillante pendant 10 minutes ou en suivant les instructions figurant sur l'emballage. Rincez à l'eau froide et égouttez. Mettez les pâtes dans un saladier et mélangez-les avec le pesto (voir ci-dessous). Ajoutez la roquette.

Égouttez les tomates. Mélangez les tomates, les feuilles de basilic et 40 g de parmesan râpé avec les pâtes. Salez et poivrez. Saupoudrez le reste de parmesan et servez la salade.

pesto au basilic

Mettez les feuilles d'un gros bouquet de basilic dans le bol d'un robot avec 3 cuillères à soupe de pignons de pin grillés, 1 petite gousse d'ail hachée et 40 g de parmesan râpé. Mixez et ajoutez 4 à 5 cuillères à soupe d'huile d'olive pour former une pâte. Couvrez le pesto d'une couche d'huile d'olive et conservez-le 1 semaine maximum au réfrigérateur.

salade de riz sauvage et filets de dinde

Pour **4 personnes**
Préparation **10 minutes**
+ refroidissement
Cuisson **30 minutes**

300 g de **riz sauvage**
2 **pommes vertes** finement tranchées
75 g de **noix de pécan**
le **zeste** et le **jus** de 2 **oranges**
60 g de **canneberges**
3 c. à s. d'**huile d'olive**
2 c. à s. de **persil** haché
4 filets de **dinde** de 125 g chacun
sel et **poivre**

Faites cuire le riz en suivant les instructions figurant sur l'emballage et laissez refroidir à température ambiante.

Mélangez le riz avec les pommes, les noix de pécan, le zeste et le jus d'orange et les canneberges. Salez et poivrez.

Mélangez l'huile et le persil. Coupez les filets de dinde en deux ou trois morceaux dans le sens de la longueur et enduisez-les d'huile persillée. Faites chauffer une poêle et faites cuire la viande 2 minutes de chaque côté. Coupez-la en morceaux. Dressez la viande sur les assiettes à côté de la salade de riz. Servez aussitôt.

salade de riz sauvage et côtes de porc à l'orange

Mélangez le zeste et le jus d'une orange, 2 cuillères à soupe de confiture d'orange, 1 cuillère à soupe de sauce de soja et 1 cuillère à soupe de sauce pimentée sucrée. Faites saisir 4 côtes de porc de 175 g chacune dans une poêle à feu vif 2 minutes de chaque côté. Mettez les côtes sur une plaque recouverte de papier d'aluminium et couvrez de marinade à l'orange. Faites cuire 10 à 15 minutes au four préchauffé à 180 °C. Préparez la salade comme ci-dessus, dressez-la sur des assiettes et posez les côtes de porc sur le dessus.

salade de pâtes, crabe et roquette

Pour **1 personne**
Préparation **5 minutes**
+ refroidissement
Cuisson **10 minutes**

50 g de **pâtes sèches**, des **rigatoni** par exemple
le **zeste** râpé et le **jus** de ½ **citron vert**
2 c. à s. de **crème fraîche**
85 g de **chair de crabe** en boîte égouttée
8 **tomates cerises** coupées en deux
1 poignée de **roquette**

Faites cuire les pâtes en suivant les instructions figurant sur l'emballage et laissez refroidir.

Mélangez le zeste et le jus de citron vert, la crème fraîche et la chair de crabe dans un saladier. Ajoutez les pâtes froides et mélangez.

Ajoutez les tomates et la roquette, mélangez et servez.

salade de pâtes au thon et au piment

Faites cuire les pâtes comme ci-dessus. Égouttez 140 g de thon en boîte et mélangez-le avec les pâtes. Épépinez et hachez 1 piment rouge. Mélangez les pâtes avec le zeste et le jus d'un citron, 2 cuillères à soupe de persil haché, 1 poignée de roquette et 2 cuillères à soupe d'huile d'olive. Salez et poivrez. Servez.

salade de lentilles vertes, saumon et aneth

Pour **4 personnes**
Préparation **30 minutes**
+ refroidissement
et réfrigération
Cuisson **35 à 40 minutes**

500 g de **filet de saumon**
2 c. à s. de **vin blanc sec**
4 **poivrons rouges** coupés en deux et épépinés
175 g de **lentilles vertes du Puy**
1 poignée d'**aneth haché**
1 botte de **ciboules** finement tranchées
jus de citron
poivre

Assaisonnement
2 **piments verts** épépinés et hachés
1 poignée de **persil plat** haché
1 poignée d'**aneth** haché
2 gousses d'**ail**
1 c. à c. de **moutarde de Dijon**
8 c. à s. de **jus de citron**
1 c. à s. d'**huile d'olive**

Déposez le saumon sur une feuille de papier d'aluminium et arrosez-le de vin blanc. Pliez la feuille et rabattez sur le dessus pour fermer la papillote. Mettez-la sur une plaque de cuisson et faites cuire 15 à 20 minutes au four préchauffé à 200 °C. Laissez refroidir et coupez en morceaux, couvrez et placez au réfrigérateur.

Faites griller les poivrons et pelez la peau en suivant les instructions page 174. Réservez le jus de cuisson des poivrons.

Préparez l'assaisonnement. Mixez les piments, le persil, l'aneth, l'ail, la moutarde et le jus de citron. Ajoutez l'huile en filet tout en mixant jusqu'à ce que le mélange épaississe.

Mettez les lentilles dans une casserole, couvrez d'eau et portez à ébullition. Baissez le feu et faites cuire 15 à 20 minutes en veillant à ce que les lentilles restent fermes. Égouttez et mettez les lentilles dans un saladier avec les poivrons rouges et leur jus de cuisson. Ajoutez l'aneth et les deux tiers de la ciboule. Poivrez.

Mélangez l'assaisonnement et les lentilles chaudes. Réservez pour que les lentilles absorbent l'assaisonnement. Pour servir, ajoutez le saumon et mélangez délicatement. Ajoutez un peu de jus de citron et le reste de la ciboule.

salade de boulgour

Pour **4 à 6 personnes**
Préparation **15 minutes**
+ trempage

150 g de **boulgour**
400 g de **tomates cerises** coupées en morceaux
6 **ciboules** finement hachées
1 bouquet de **persil** haché
1 petit bouquet de **menthe** hachée
sel et **poivre**

Assaisonnement
¼ c. à c. de **quatre-épices**
¼ c. à c. de **cannelle**
le **jus** d'un **citron**
4 c. à s. d'**huile d'olive**

Mettez le boulgour dans un saladier et couvrez d'eau froide. Laissez gonfler 1 heure au moins.

Pendant ce temps, préparez l'assaisonnement en mélangeant le quatre-épices, la cannelle, le jus de citron et l'huile.

Mettez le boulgour dans une passoire fine et laissez égoutter 5 minutes en pressant pour retirer le plus d'eau possible. Mettez le boulgour dans un saladier et ajoutez les tomates, les ciboules, le persil et la menthe. Versez l'assaisonnement et mélangez. Salez et poivrez. Laissez la salade au réfrigérateur quelques heures pour que les parfums s'imprègnent bien.

salade de boulgour et vivaneau grillé

Posez 1 vivaneau sur une planche à découper et faites trois incisions en diagonale de chaque côté. Mélangez 1 cuillère à café de cumin moulu, ¼ cuillère à café de curcuma, 1 cuillère à café de gingembre moulu, 1 cuillère à café de piment moulu, le zeste et le jus d'un citron et 2 cuillères à soupe d'huile d'olive. Glissez des tranches de citron dans le poisson et badigeonnez-les du mélange d'épices. Faites cuire le poisson 20 à 25 minutes sous un gril en le retournant à mi-cuisson. La chair ne doit pas être trop sèche. Mettez la salade de boulgour sur le plat de service et posez le vivaneau sur le dessus. Servez.

salade de pâtes aux champignons et ricotta

Pour **4 à 6 personnes**
Préparation **20 minutes**
Cuisson **12 minutes**

250 g de **ricotta**
2 c. à s. de **persil** haché
2 c. à s. de **romarin** haché
2 c. à s. de **thym** haché
2 c. à s. de **basilic** haché
75 g de **parmesan** finement râpé
400 g de **penne**
500 g d'un **mélange de champignons**, y compris des champignons de Paris blancs et rosés
2 c. à s. d'**huile d'olive**
1 **gousse d'ail** écrasée
sel et **poivre**

Mélangez la ricotta, les herbes et le parmesan dans un bol. Salez et poivrez.

Faites cuire les pâtes 10 minutes dans une grande quantité d'eau bouillante ou en suivant les instructions figurant sur l'emballage.

Pendant ce temps, coupez les champignons en morceaux. Faites chauffer l'huile dans une poêle à feu vif et faites revenir les champignons 1 minute. Ajoutez l'ail écrasé, salez, poivrez et faites cuire 2 minutes.

Égouttez les pâtes cuites, ajoutez les champignons et mélangez. Ajoutez la ricotta et mélangez. Servez avec des herbes hachées et du parmesan si vous le souhaitez.

salade de pâtes aux champignons et pancetta

Faites dorer 200 g de pancetta coupée en lardons. Mélangez les lardons avec les pâtes cuites et les champignons comme ci-dessus. Ajoutez 100 g de pousses d'épinard et servez.

salade de maïs, tomates et haricots noirs

Pour **4 personnes**
Préparation **10 minutes**
Cuisson **10 minutes**

4 **épis de maïs** sans les feuilles
250 g de **tomates cerises** coupées en deux
400 g de **haricots noirs** en boîte égouttés et rincés
1 **oignon rouge** coupé en petit dés
1 **avocat** pelé, dénoyauté et coupé en dés
1 petit bouquet de **coriandre** grossièrement hachée

Assaisonnement
le **jus** d'un **citron vert**
2 c. à s. d'**huile de colza**
2 à 3 gouttes de **sauce Tabasco**

Faites cuire les épis de maïs 7 à 10 minutes dans de l'eau bouillante. Rincez-les à l'eau froide et retirez les grains à l'aide d'un couteau. Mélangez les grains de maïs dans un saladier avec les tomates, les haricots noirs, l'oignon, l'avocat et la coriandre.

Préparez l'assaisonnement en mélangeant le jus de citron vert, l'huile et le Tabasco.

Versez l'assaisonnement sur la salade, mélangez délicatement et servez aussitôt.

salade aux crevettes pimentées

Hachez finement 2 gousses d'ail. Épépinez et hachez finement 2 gros piments rouges. Décortiquez 24 crevettes sans retirer la queue, fendez le dos et aplatissez-les légèrement. Faites chauffer 1 ½ cuillère à soupe d'huile à feu vif dans un wok ou une grande poêle et faites sauter les crevettes 1 minute. Ajoutez l'ail et les piments. Faites sauter 2 minutes de plus. Retirez du feu et ajoutez 3 cuillères à soupe de coriandre hachée. Posez les crevettes sur la salade de maïs, tomates et haricots noirs préparée comme ci-dessus et décorez avec des feuilles de coriandre et des quartiers de citron vert.

salade de boulgour et feta aux herbes

Pour **4 personnes**
Préparation **10 minutes**
+ refroidissement
Cuisson **10 minutes**

100 g de **boulgour**
4 c. à s. d'**huile d'olive**
1 c. à s. de **jus de citron**
2 c. à s. de **persil plat** haché
1 c. à s. de **menthe** hachée
400 g de **pois chiches** en boîte égouttés et rincés
125 g de **tomates cerises** coupées en deux
1 c. à s. d'**oignon doux** haché
100 g de **concombre**
150 g de **feta**
sel et **poivre**

Mettez le boulgour dans un récipient et versez de l'eau bouillante à hauteur. Réservez jusqu'à ce que l'eau soit absorbée. Si vous souhaitez que le boulgour soit plus gonflé, faites-le cuire 5 minutes à la vapeur. Étalez-le sur une assiette et laissez refroidir.

Mélangez l'huile d'olive, le jus de citron, le persil et la menthe dans un saladier. Salez et poivrez. Ajoutez les pois chiches, les tomates, l'oignon et le boulgour.

Coupez le concombre en dés et mélangez-les avec les autres ingrédients dans le saladier. Ajoutez la feta coupée en dés et remuez délicatement. Servez aussitôt.

salade de betterave et pois chiches

Mélangez dans un saladier 150 g de pousses de blette, 400 g de pois chiches en boîte rincés et égouttés, 200 g de betteraves cuites coupées en dés. Coupez une orange en deux et faites-la dorer côté chair sur un gril en fonte sans la faire noircir. Pressez le jus dans un bol et ajoutez 1 cuillère à soupe de miel liquide et 3 cuillères à soupe d'huile d'olive. Mélangez. Dressez la salade, versez l'assaisonnement et parsemez de feta émiettée.

salade de pois chiches et tomates cerises

Pour **4 personnes**
Préparation **15 minutes**
+ trempage
et refroidissement
Cuisson **1 h 15**

250 g de **pois chiches secs**
400 g de **tomates cerises** coupées en deux
4 branches de **céleri** coupées en tranches
4 **ciboules** coupées en tranches
50 g d'**olives noires de Kalamata**
sauce à la menthe et au yaourt (voir page 15)
poivre noir
feuilles de **menthe** pour décorer

Faites tremper les pois chiches toute la nuit dans de l'eau froide. Égouttez-les, rincez-les et égouttez-les de nouveau. Mettez-les dans une grande casserole et recouvrez-les largement d'eau froide. Portez à ébullition, baissez le feu et faites-les cuire 1 h 15 ou en suivant les instructions figurant sur l'emballage jusqu'à ce qu'ils soient tendres. Ajoutez un peu d'eau si nécessaire. Égouttez et laissez refroidir.

Mettez les tomates, le céleri, la ciboule, les olives et les pois chiches dans un saladier et mélangez. Ajoutez la sauce à la menthe et au yaourt, poivrez et décorez avec des feuilles de menthe. Servez.

salade de pois chiches et côtelettes d'agneau pimentées

Mélangez 3 cuillères à soupe d'harissa et 2 cuillères à soupe d'huile d'olive. Badigeonnez 12 côtelettes d'agneau et faites-les mariner 1 heure au moins ou toute la nuit de préférence. Préparez la salade de pois chiches comme ci-dessus. Faites chauffer une poêle et faites griller les côtelettes en plusieurs fois 2 à 3 minutes de chaque côté pour une cuisson rosée. Retirez du feu et laissez reposer 5 minutes. Dressez sur une assiette avec la salade de pois chiches, versez la sauce à la menthe et au yaourt et ajoutez un peu de menthe grossièrement hachée.

salade de risoni, patates douces et lardons

Pour **4 à 6 personnes**
Préparation **20 minutes**
Cuisson **30 minutes**

2 grosses **patates douces** pelées et coupées en dés
2 c. à s. d'**huile d'olive** + un filet pour arroser
200 g de **lard fumé**
250 g de **pâtes risoni** ou **orzo**
200 g de **petits pois** surgelés
100 g de **feta**
1 petit bouquet de **menthe** hachée
sel et **poivre**

Mettez les patates douces sur une plaque de cuisson et arrosez-les d'un filet d'huile d'olive. Salez et poivrez. Faites cuire 20 à 25 minutes au four préchauffé à 190 °C.

Coupez le lard en lardons. Faites chauffer une poêle à feu vif et faites dorer les lardons 4 minutes. Égouttez sur du papier absorbant et réservez.

Pendant ce temps, faites cuire les pâtes dans une grande quantité d'eau bouillante pendant 10 minutes ou en suivant les instructions figurant sur l'emballage. Ajoutez les petits pois et faites cuire 2 minutes de plus. Égouttez.

Retirez les patates douces du four et mélangez-les avec les pâtes et les petits pois. Ajoutez les lardons et la feta émiettée en réservant un peu de feta et de lardons pour décorer. Ajoutez 2 cuillères à soupe d'huile d'olive et la menthe hachée. Mélangez. Ajoutez les lardons et la feta réservés et servez.

salade de risoni et de poulet à la cajun

Arrosez 2 blancs de poulet sans peau d'huile d'olive et saupoudrez-les de 2 cuillères à soupe d'épices cajun. Faites chauffer une poêle et faites cuire le poulet 5 minutes de chaque côté. Coupez le poulet en fines tranches et servez avec la salade de risoni préparée comme ci-dessus.

salades de fruits

salade de fruits rouges

Pour **4 à 6 personnes**
Préparation **10 minutes**

400 g de **fraises**
250 g de **framboises**
150 g de **myrtilles**
150 g de **mûres**
1 petit bouquet de **menthe** finement hachée + quelques feuilles pour décorer
3 c. à s. de **sirop de sureau**

Lavez tous les fruits et égouttez bien. Équeutez et coupez les fraises en deux. Mettez tous les fruits dans un saladier.

Ajoutez la menthe hachée et le sirop de sureau. Mélangez délicatement et servez en décorant avec des feuilles de menthe.

salade chaude de fruits rouges

Mélangez dans une casserole 100 ml de sirop de sureau, 600 ml d'eau et 50 g de sucre en poudre. Portez à ébullition. Ajoutez 400 g de fraises, 250 g de framboises, 150 g de myrtilles et 150 g de mûres préparées comme ci-dessus et retirez du feu. Laissez tiédir légèrement et servez avec de la glace à la vanille. Les fruits se conservent dans le sirop 5 jours maximum au réfrigérateur.

salade de fruits exotiques

Pour **6 à 8 personnes**
Préparation **10 minutes**

1 gros **ananas** mûr de 1,5 kg
1 **papaye** de 400 g
3 **fruits de la Passion**
le **jus** d'un **citron vert**
feuilles de menthe pour décorer

Pelez et retirez le cœur de l'ananas. Coupez la chair en morceaux. Pelez la papaye, retirez les graines avec une cuillère et coupez la chair en morceaux. Mettez l'ananas et la papaye dans un saladier.

Coupez les fruits de la Passion en deux et mettez la pulpe dans le saladier. Ajoutez le jus de citron vert et mélangez délicatement. Servez la salade en la décorant avec des feuilles de menthe.

ananas caramélisé au sucre de citron vert

Pelez un ananas de 1,5 kg et coupez-le en quatre en retirant le cœur. Coupez chaque quartier en 4 morceaux et enfilez-les sur des brochettes. Mettez le zeste de 3 citrons verts dans le bol d'un robot et ajoutez 150 g de sucre en poudre. Mixez un court instant et étalez le sucre sur une plaque de cuisson. Laissez sécher 1 heure au moins. Faites chauffer un gril en fonte (ou une poêle antiadhésive) à feu moyen et faites cuire l'ananas 2 minutes de chaque côté jusqu'à ce qu'il soit doré et caramélisé. Saupoudrez de sucre au citron vert et servez. Conservez le sucre non utilisé dans un récipient hermétique.

salade d'agrumes

Pour **4 à 6 personnes**
Préparation **15 à 20 minutes**
+ marinade
Cuisson **5 minutes**

2 **oranges**
2 **citrons verts**
2 **mandarines**
4 **oranges sanguines**
1 **pamplemousse rose**
150 g de **sucre en poudre**
150 ml d'**eau**

Retirez le zeste de 2 oranges et de 2 citrons verts à l'aide d'un zesteur. Pelez tous les fruits avec un couteau en prenant soin de retirer toute la peau blanche. Coupez les oranges et les mandarines en tranches et les citrons verts, les oranges sanguines et le pamplemousse en segments.

Réservez un peu de zeste d'orange et de citron vert pour décorer et mettez le reste dans une casserole avec le sucre et l'eau. Faites chauffer à feu doux en remuant pour faire fondre le sucre. Versez le sirop sur les fruits. Laissez reposer 1 heure au moins au réfrigérateur avant de servir. Décorez avec les zestes d'orange et de citron vert réservés et servez.

sirop au Grand Marnier et aux agrumes

Mélangez 100 g de sucre en poudre, le jus et le zeste de 2 oranges et 50 ml d'eau dans une petite casserole. Portez à ébullition, baissez le feu et faites réduire aux deux tiers jusqu'à ce que le liquide soit sirupeux. Ajoutez 50 ml de Grand Marnier et versez sur la salade d'agrumes préparée comme ci-dessus. Servez.

salade de rhubarbe et de fraises

Pour **4 personnes**
Préparation **20 minutes**
Cuisson **20 minutes**

500 g de **rhubarbe**
125 g de **sucre en poudre**
150 ml d'**eau**
1 **gousse de vanille**
2 c. à c. d'**eau de rose**
400 g de **fraises**

Pour servir
mascarpone ou **yaourt à la grecque**
40 g de **pistaches** grossièrement hachées

Coupez la rhubarbe en morceaux de 4 cm et mettez-les dans un plat à four non métallique.

Mettez le sucre et l'eau dans une petite casserole et faites fondre le sucre à feu doux en remuant. Ajoutez la gousse de vanille et l'eau de rose. Versez le sirop sur la rhubarbe, couvrez de papier d'aluminium et faites cuire 12 à 15 minutes au four préchauffé à 180 °C.

Pendant ce temps, équeutez et coupez les fraises en deux. Lorsque la rhubarbe est cuite, retirez la gousse de vanille et ajoutez les fraises, couvrez et laissez reposer 5 minutes. Dressez les fruits sur les assiettes, versez un peu de jus de cuisson, ajoutez une cuillère de mascarpone ou de yaourt et parsemez de pistaches hachées.

salade de fruits aux épices

Pour **6 personnes**
Préparation **15 minutes**
+ refroidissement
et réfrigération
Cuisson **2 minutes**

1 **gousse de vanille**
+ 1 autre gousse
pour décorer
si vous le souhaitez
2 ½ c. à s. de **sucre en poudre**
175 ml d'**eau**
1 **piment rouge**
4 **clémentines**
2 **pêches**
½ **melon**
175 g de **myrtilles**

Fendez la gousse de vanille en deux avec un couteau pointu. Mettez le sucre et l'eau dans une casserole et faites fondre le sucre à feu doux. Coupez le piment en deux et épépinez-le. Ajoutez le piment et la gousse de vanille dans la casserole. Faites chauffer 2 minutes à feu doux et retirez la casserole du feu. Laissez refroidir le sirop.

Pelez les clémentines à vif et coupez-les en rondelles. Dénoyautez les pêches et coupez-les en tranches. Retirez les pépins du melon et coupez la chair en petits morceaux.

Mélangez les fruits coupés et les myrtilles dans un saladier et versez le sirop chaud en retirant la vanille et le piment. Laissez le sirop refroidir, couvrez la salade de fruits et placez au réfrigérateur jusqu'au moment de servir. Décorez avec une gousse de vanille si vous le souhaitez.

sirop aux épices

Ajoutez 1 tige de citronnelle coupée en deux et écrasée, 3 feuilles de lime kaffir et 2 cm de gingembre frais pelé et coupé en tranches dans le sirop (préparé comme ci-dessus) en même temps que la gousse de vanille et le piment.

fruits pochés et biscuits au gingembre

Pour **6 à 8 personnes**
Préparation **15 minutes**
Cuisson **20 minutes**

250 g de **sucre en poudre**
2,5 l d'**eau**
1 **gousse de vanille** + 1 autre gousse pour décorer si vous le souhaitez
4 **pêches**
4 **nectarines**
10 **abricots**

Pour servir
mascarpone
3 **biscuits au gingembre** écrasés

Mettez le sucre, l'eau et la gousse de vanille dans une grande casserole et faites fondre le sucre à feu doux en remuant. Portez à frémissement et ajoutez les fruits. Couvrez avec un rond de papier sulfurisé pour que les fruits restent enfoncés dans le sirop. Faites pocher 2 minutes, retirez du feu et laissez refroidir.

Retirez les fruits du sirop avec une écumoire et réservez le sirop. Retirez la peau des fruits, coupez-les en deux et dénoyautez-les.

Mettez 250 ml de sirop dans une casserole et faites-le réduire 6 à 8 minutes. Mettez les fruits dans un saladier, versez le sirop et remuez délicatement. Dressez les fruits sur les assiettes, ajoutez une cuillère de mascarpone et parsemez de biscuits au gingembre écrasés. Décorez avec une gousse de vanille si vous le souhaitez.

fruits pochés au coulis de framboise

Mettez 150 g de framboises surgelées et 40 g de sucre en poudre dans une casserole. Faites fondre le sucre à feu doux en remuant. Portez à ébullition et faites cuire 2 à 3 minutes jusqu'à ce que le coulis ait la consistance d'un sirop. Retirez du feu et égouttez à travers une fine passoire. Faites pocher les fruits comme ci-dessus et servez-les avec du coulis de framboises et un filet de crème anglaise.

salade de fruits mixtes

Pour **6 à 8 personnes**
Préparation **15 minutes**

¼ de **pastèque**
½ **melon galia**
1 **mangue**
2 **pommes vertes**
2 **bananes**
3 **kiwis**
200 g de **fraises**
150 g de **myrtilles**

Pelez et épépinez la pastèque et le melon. Coupez la chair en morceaux de 2 à 3 cm. Pelez et coupez la mangue en morceaux. Coupez les pommes en morceaux et les bananes en rondelles. Mettez les fruits dans un saladier.

Pelez les kiwis et coupez-les en rondelles. Ajoutez les kiwis, les fraises et les myrtilles dans le saladier. Remuez délicatement.

crème aux fruits de la Passion

Fouettez 4 cuillères à soupe de mascarpone, 200 ml de crème fraîche entière et 2 cuillères à soupe de sucre glace tamisé jusqu'à ce que des pointes souples se forment. Incorporez délicatement la pulpe de 2 fruits de la Passion. Servez la crème avec la salade de fruits préparée comme ci-dessus.

salade de cerises et crumble à la cannelle

Pour **4 à 6 personnes**
Préparation **15 minutes**
+ refroidissement
Cuisson **20 minutes**

1,5 kg de **cerises** dénoyautées
250 g de **sucre en poudre**
400 ml d'**eau**
1 **gousse de vanille**
2 **clous de girofle**
zestes d'orange coupés en lanières pour décorer

Crumble
60 g de **cake aux fruits confits**
15 g de **beurre doux**
¼ c. à c. de **cannelle**
1 c. à s. de **sucre en poudre**

Crème à la cannelle
1 c. à s. de **sucre glace**
150 ml de **crème Chantilly**
¼ c. à c. de **cannelle**

Mettez les cerises dans un saladier. Mettez le sucre, l'eau, la gousse de vanille, les clous de girofle et les zestes d'orange dans une casserole. Portez à ébullition en remuant de temps en temps. Versez le sirop sur les cerises et laissez refroidir.

Préparez le crumble. Coupez le cake en morceaux de 1 cm. Faites fondre le beurre et arrosez les morceaux de cake. Mélangez la cannelle et le sucre et saupoudrez le cake. Mélangez bien. Étalez sur une plaque de cuisson et faites dorer 4 à 5 minutes au four préchauffé à 190 °C. Retirez du four et laissez refroidir.

Pendant ce temps, préparez la crème à la cannelle. Tamisez le sucre glace sur la crème Chantilly, ajoutez la cannelle et fouettez jusqu'à ce que des pointes souples se forment.

Servez les cerises avec un peu de sirop, une cuillère de crème à la cannelle et saupoudrez de crumble. Décorez avec les zestes d'orange.

sauce au chocolat et à la cannelle

Mélangez 100 g de chocolat noir haché (70 % de cacao) avec 15 g de beurre, 125 ml de crème et ½ cuillère à café de cannelle moulue dans une petite casserole. Faites fondre le chocolat à feu doux en remuant. Retirez du feu et réservez. Servez avec les cerises préparées comme ci-dessus.

salade de fruits secs

Pour **4 à 6 personnes**
Préparation **5 minutes**
Cuisson **30 minutes**

100 g de **pruneaux** dénoyautés
100 g de **pêches sèches** moelleuses
100 g de **poires sèches** moelleuses
100 g de **pommes sèches** moelleuses
100 g d'**abricots secs** moelleux
1 **bâton de cannelle**
4 **clous de girofle**
le **zeste** d'un **citron jaune**
50 g de **sucre en poudre**

Pour servir
yaourt à la grecque
miel liquide

Mettez les fruits secs, la cannelle, les clous de girofle, le zeste de citron et le sucre dans une casserole. Couvrez d'eau froide. Faites mijoter 15 minutes à feu moyen pour faire gonfler les fruits.

Retirez du feu et égouttez les fruits en réservant le sirop. Retirez le bâton de cannelle. Remettez le sirop dans la casserole et faites réduire 10 minutes.

Remettez les fruits dans le sirop pour les réchauffer et servez avec du yaourt et un filet de miel.

salade de fruits d'hiver caramélisés

Coupez 3 poires et 3 pommes en quatre et retirez le cœur. Mettez-les dans un plat à four. Coupez 3 pruneaux en deux et dénoyautez-les. Mettez-les dans le plat avec 50 g de figues sèches, 50 g de canneberges surgelées, 1 bâton de cannelle et 4 clous de girofle. Parsemez les fruits de 50 g de beurre doux, puis saupoudrez 50 g de sucre roux. Faites cuire 20 minutes au four préchauffé à 180 °C. Servez avec du yaourt à la grecque et du miel.

salade de fruits à la citronnelle

Pour **4 à 6 personnes**
Préparation **10 minutes**
+ refroidissement
Cuisson **10 minutes**

1 cm de **gingembre frais** pelé et coupé en tranches
1 **tige de citronnelle** légèrement écrasée
100 g de **sucre en poudre**
150 ml d'**eau**
2 **papayes** pelées et épépinées
2 **mangues** pelées et dénoyautées
2 **goyaves** pelées et dénoyautées
10 **litchis** pelés
2 c. à s. de **noix de coco grillées** (voir ci-dessous)

Mettez le gingembre, la citronnelle, le sucre et l'eau dans une petite casserole. Faites chauffer 5 minutes pour faire fondre le sucre. Retirez du feu et laissez refroidir.

Coupez la papaye en longues tranches. Coupez les mangues et les goyaves en petites tranches. Mettez les fruits dans un saladier avec les litchis. Ajoutez 3 cuillères à soupe de sirop et mélangez délicatement.

Dressez la salade sur des assiettes, arrosez avec le reste de sirop et parsemez de noix de coco grillée (voir ci-dessous).

noix de coco grillée

Percez une noix de coco, videz le liquide, retirez la coque et enlevez la peau brune. Prélevez des copeaux de noix de coco à l'aide d'un épluche-légumes. Étalez les copeaux sur une plaque de cuisson et faites-les dorer 3 à 4 minutes au four préchauffé à 200 °C.

brochettes de fruits au sel pimenté

Pour **6 à 8 personnes**
Préparation **15 minutes**
Cuisson **10 minutes**

1 grosse **mangue** pelée et dénoyautée
½ **ananas** pelé
2 **bananes**
½ c. à c. de **piment séché**
1 c. à s. de **gros sel** ou de **sel vanillé** (voir ci-dessous)

Coupez la mangue en morceaux de 2 cm et coupez l'ananas en morceaux. Coupez les bananes en grosses rondelles. Enfilez les fruits sur des brochettes en bois pré-trempées ou en métal en alternant les fruits.

Mélangez le piment et le sel. Réservez.

Préchauffez un gril en fonte (ou une poêle antiadhésive) à feu moyen et faites griller les brochettes 3 minutes de chaque côté jusqu'à ce que les fruits soient dorés et caramélisés. Retirez du feu et saupoudrez de sel pimenté. Servez.

sel vanillé

Grattez les graines d'une gousse de vanille et mélangez-les dans une tasse avec 4 cuillères à soupe de gros sel. Laissez reposer 2 heures au moins pour que le parfum imprègne le sel.

salade de papayes et citrons verts

Pour **4 personnes**
Préparation **15 minutes**
+ refroidissement
Cuisson **3 à 5 minutes**

3 **papayes** fermes et mûres pelées et épépinées
2 **citrons verts**
2 c. à c. de **sucre roux**
50 g d'**amandes mondées grillées**
quartiers de citron vert pour décorer

Coupez les papayes en morceaux et mettez-les dans un saladier.

Râpez finement le zeste de 2 citrons verts. Pressez 1 citron vert et réservez le jus. Coupez l'autre citron vert à vif et prélevez les segments au-dessus du saladier contenant la papaye afin de récupérer le jus. Mélangez les segments de citron vert et le zeste râpé avec la papaye.

Mettez le jus de citron vert et le sucre dans une petite casserole et faites fondre le sucre à feu doux. Retirez du feu et laissez refroidir.

Versez le jus de citron vert refroidi sur les fruits et mélangez. Ajoutez les amandes grillées et servez avec des quartiers de citron vert.

granité de ginger beer

Versez 1 l de ginger beer (au rayon des produits britanniques) dans un récipient rectangulaire en plastique. Ajoutez 3 cuillères à soupe de menthe hachée et placez le récipient au congélateur pendant 4 heures au moins. Lorsque le liquide a durci, grattez-le avec une fourchette pour obtenir le granité. Mettez le granité sur la salade de papaye et de citron vert préparée comme ci-dessus et servez aussitôt.

poires pochées au marsala

Pour **6 personnes**
Préparation **10 minutes**
Cuisson **40 minutes**

300 ml de **marsala**
500 ml de **vin rouge**
200 g de **sucre en poudre**
2 c. à s. de **jus de citron**
1 **bâton de cannelle**
2 **étoiles de badiane**
6 **poires**
clotted cream ou **mascarpone** pour servir

Mettez le marsala, le vin rouge, le sucre, le jus de citron, la cannelle et la badiane dans une casserole. Portez à frémissement.

Pelez les poires sans retirer les queues. Mettez-les dans la casserole et faites-les cuire 20 à 25 minutes en les retournant de temps en temps. Retirez les poires avec une écumoire et laissez refroidir.

Pendant ce temps, faites bouillir le sirop 10 minutes pour le faire réduire. Servez les poires arrosées de sirop et accompagnées de clotted cream ou de mascarpone.

poires au four sauce caramel

Coupez 6 poires en deux et retirez le cœur. Mettez les poires dans un plat à four et saupoudrez-les avec 5 cuillères à soupe de sucre roux et 1 cuillère à café d'extrait de vanille. Parsemez 20 g de beurre doux. Faites cuire les poires 20 minutes au four préchauffé à 180 °C jusqu'à ce qu'elles soient dorées et fondantes. Pendant ce temps, mettez 150 g de sucre roux, 125 ml de crème liquide et 20 g de beurre doux dans une casserole et faites chauffer en remuant de temps en temps jusqu'à ce que le sucre ait fondu. Laissez mijoter 2 minutes et versez la sauce sur les poires rôties. Servez avec une cuillère de clotted cream ou de mascarpone.

salade de melon et ananas

Pour **4 personnes**
Préparation **10 minutes**
+ repos

½ **melon** pelé et épépiné
½ petit **ananas** pelé
le **zeste** râpé d'un **citron vert**
2 c. à c. de **fructose**
tranches de citron vert pour décorer

Coupez le melon et l'ananas en dés et mettez-les dans un saladier ou un récipient en plastique.

Mélangez le zeste de citron vert et le fructose. Saupoudrez ce mélange sur les fruits et mélangez. Réservez pendant 1 heure jusqu'à ce que le fructose soit dissous. Décorez avec les tranches de citron vert et servez.

sirop de citron vert et gingembre

Mettez 150 g de sucre en poudre, 150 ml d'eau, le zeste et le jus d'un citron vert et 1 morceau de 1 cm de gingembre pelé et coupé en tranches dans une casserole. Portez à ébullition en remuant de temps en temps pour faire fondre le sucre. Lorsque le sucre a fondu, retirez du feu, couvrez et placez au réfrigérateur. Versez le sirop sur la salade de melon et ananas (préparée comme ci-dessus) 30 minutes avant de servir pour mélanger les parfums.
Servir avec la salade.

table des recettes

petites salades

salade légères

grandes salades

salades chaudes

salades de riz, haricots, céréales et pâtes

salades de fruits

découvrez toute la collection
MA PETITE CUISINE MARABOUT

Ma petite
cuisine
Marabout

100 desserts de Mamie
100 gâteaux et desserts en 5 ingrédients
100 recettes de cupcakes
100 recettes de macarons
100 recettes de mugcakes
100 recettes de tradition
100 recettes de verrines
100 recettes italiennes en 5 ingrédients
100 recettes light en 5 ingrédients
100 recettes végétariennes en 5 ingrédients
200 recettes à moins de 5 euros
200 recettes au barbecue
200 recettes au chocolat
200 recettes au wok
200 recettes chinoises
200 recettes de cocktails
200 recettes de New York
200 recettes de papillotes
200 recettes de salades
200 recettes en moins de 20 minutes
200 recettes pour l'apéro
200 recettes régime 5:2
200 recettes sans gluten
200 super smoothies